Lb ^{56} 183

I0118198

LA

POLITIQUE DE LA RUSSIE.

GÉNÉRAL COMTE DE FICQUELMONT

LA

POLITIQUE DE LA RUSSIE

ET LES

PRINCIPAUTÉS DANUBIENNES

ÉDITION ORIGINALE
ÉCRITE EN FRANÇAIS PAR L'AUTEUR

PARIS

LIBRAIRIE D'AMYOT, ÉDITEUR

8, rue de la Paix

MDCCCLIV

L'auteur et l'éditeur se réservent les droits de traduction et de reproduction

LA
POLITIQUE DE LA RUSSIE

ET LES

PRINCIPAUTÉS DANUBIENNES.

La levée du siége de Silistrie et la retraite de
l'armée russe de la Valachie vient de clore un des
chapitres des affaires de l'Orient pour en commencer un autre. Il en résulte une espèce de temps
d'arrêt qui donne à tout le monde, sans en excepter
les belligérants, le temps de réfléchir aux contin-
gents futurs et de se remettre de la surprise que
des événements aussi peu attendus ont dû causer,
même à ceux qui en ont été les acteurs principaux. Et cependant, des esprits attentifs, des

hommes de guerre surtout, pouvaient-ils s'en étonner ? On fait toujours mal la guerre quand le motif qui la cause n'est pas en rapport avec les moyens qu'elle exige, et quand on débute par prendre une fausse base d'opérations.

L'appréciation des événements exige donc l'examen des positions. Du côté de la Russie, la première position diplomatique a manqué d'une base solide, autant que la position de ses armées a été fausse.

On peut imposer un sacrifice par la force, mais il est impossible de se flatter de pouvoir l'obtenir par voie de négociations de celui duquel on l'exige.

La Russie, en voulant appuyer ses négociations par l'occupation des Principautés, n'a-t-elle pas donné la preuve qu'elle n'attendait que de la force les nouvelles concessions qu'elle demandait à la Porte ? Ce fait commençait par donner à tout le monde la conviction que la cour de Russie elle-même n'avait pas la conscience de la justice de sa demande ; car n'était-ce pas ouvrir une véritable campagne que de demander à la supériorité de ses forces ce qu'une négociation ordinaire n'aurait pas pu faire obtenir ?

D'un autre côté, la Russie tient depuis longtemps un registre trop exact de tout le cours de
ses opérations avec la Porte, pour supposer que
les incidents les plus essentiels de ces négociations
ne soient pas tous, et toujours présents à sa mé-
moire. Tous ces traités conclus dans des périodes
de temps plus ou moins éloignés les uns des
autres, ont toujours été conçus et dictés dans le
même esprit; ils ont le caractère d'une seule et
même pensée; le cabinet russe figure, dans une
histoire qui dure déjà depuis plus d'un siècle,
comme une seule intelligence constamment unitaire; son travail ressemble à celui de ces manufactures, dans lesquelles on voit l'activité des
ouvriers, mais sans rien comprendre à leur
ouvrage dont eux-mêmes ne saisissent pas encore
l'ensemble qu'il doit présenter. Ce n'est que depuis Andrinople qu'on a distingué clairement
l'harmonie parfaite de tous les travaux des nombreux artisans, des nombreux ouvriers si diver-
sement employés, les uns les armes, les autres la
plume à la main.

Or, il y eut alors, en 1829, une circonstance
qui accompagna le traité d'Andrinople dont le
souvenir devait singulièrement affaiblir la valeur

du gage dont la cour de Russie s'empara en 1853. Pouvait-elle croire que la Porte donnerait à ce gage une assez haute importance pour consentir à le racheter au prix des demandes qui lui étaient faites ?

Lorsque le négociateur russe à Andrinople stipula une somme d'argent, comme indemnité des frais de la guerre, et l'occupation des deux Principautés pendant dix ans, terme fixé pour le payement, la Porte proposa d'en finir d'un seul coup par la cession complète des Principautés. Le maréchal Diebitsch qui ambitionnait d'illustrer son nom dans l'histoire de Russie, en le rattachant à une aussi belle conquête, de même que le maréchal Paskiewitch avait illustré le sien par le traité de paix que ses victoires imposèrent à la Perse, appuya de son avis cette proposition en la soumettant à Saint-Pétersbourg ; elle y fut rejetée, car le traité trilatéral de la Russie avec la France et l'Angleterre y apportait alors un obstacle insurmontable. Cependant la facilité que le Sultan mettait à vouloir faire cette cession devait faire craindre que les Principautés ne devinssent un gage illusoire ; que le Sultan ne le laissât dans les mains des Russes et ne payât pas.

D'un autre côté, la cabinet russe, en se rendant

pour si longtemps détenteur d'un territoire aussi grand que les Principautés, devait craindre de se brouiller avec ses alliés avant d'avoir atteint le but que s'était proposé l'alliance ; il devait craindre, en même temps, de susciter trop d'inquiétude dans l'esprit de la cour de Vienne. Cette position amena la détermination d'apporter les changements suivants au traité d'Andrinople.

Les Principautés devaient être évacuées au bout de dix-huit mois, comme l'auraient été successivement tous les territoires envahis. Quelques places de guerre en Asie devaient leur être substituées comme gage. Des espérances de diminution des indemnités stipulées furent rattachées à l'exécution ponctuelle des anciennes obligations que la Turquie devait remplir et dont la non-exécution avait causé la nouvelle rupture entre les deux empires.

L'Europe passa plus facilement sur la substitution du gage des places de guerre laissées en Asie dans les mains des Russes. Leur détention prolongée au delà du terme fixé devint plus tard le sujet d'une contestation qui ne fut jamais terminée.

L'Angleterre, de son côté, devint plus attentive à la position que la Russie prenait en Asie.

La cour de Russie, avec le souvenir de cette disposition de la Porte de lui faire l'abandon des Principautés, ne devait pas espérer, surtout depuis le traité de Dalta-Liman, que le gage dont elle venait de s'emparer en 1853, pût être de nature à influer sur les déterminations de la Porte, au point d'obtenir d'elle de souscrire aux engagements qu'on lui demandait.

Ce n'était donc pas sur Constantinople que voulait agir la Russie, mais sur l'Europe. On se flattait à Pétersbourg que les puissances agiraient de concert à Constantinople pour engager la Porte à accorder à la Russie les demandes qu'elle lui faisait; que ce serait le moyen le plus sûr et le plus direct de faire sortir les troupes russes des Principautés. N'était-ce pas à l'influence que des cabinets étrangers avaient, dans diverses circonstances, exercée sur les déterminations du Divan, que la Russie avait dû plusieurs des avantages les plus considérables obtenus par ses traités avec la Porte? Nous ne voulons citer que deux de ces circonstances, parce qu'elles sont les plus saillantes et les plus récentes.

Après une guerre qui avait duré six ans, la Russie ne désirait, en 1812, que regagner la libre disposition de son armée du Danube pour l'opposer à Napoléon ; ce fut dans cette situation que le cabinet anglais détermina la Porte à signer la paix de Bucharest. L'Angleterre voulait alors cette paix à tout prix ; peu lui importait que la Turquie y perdît la Bessarabie et que les Russes arrivassent jusqu'aux bouches du Danube. La question était pour elle d'opposer une armée de plus à l'invasion française.

Ce fut de même sous l'intervention la plus active de la diplomatie étrangère que se fit la paix d'Andrinople.

Pendant que le ministre de Prusse et le général Muffling, envoyé à cet effet de Berlin par S. M. le roi de Prusse, voulaient sauver l'armée russe de la position si hasardée dans laquelle le maréchal Diebitsch l'avait engagée, les ambassadeurs de France et d'Angleterre, encore plus découragés que les Turcs, effrayés des dangers qu'avait à courir la population chrétienne, voulaient sauver la Turquie ; ils déterminèrent le Divan à signer la paix, telle que la voulaient les Russes.

Avec de pareils souvenirs, il était naturel que le cabinet russe pût se flatter que la diplomatie de l'Europe sacrifierait avec la même facilité, en 1853, quelques droits du Sultan au désir de conserver la paix.

Cependant, d'autres idées s'étaient fait jour à Constantinople. Effrayé qu'on y était des progrès successifs que faisait la Russie par les différentes voies intérieures que ses traités lui avaient ouvertes dans l'empire turc, et par lesquelles elle avançait sans relâche, on y prit la résolution de profiter de tout ce qu'il y avait eu d'insolite dans la mission du prince Menczikoff et de la violation du territoire ottoman pour entraîner, par une détermination plus hardie que sage, les puissances de l'Europe à venir au secours de la Turquie par des moyens plus efficaces que des conseils. La Porte se précipita tête baissée dans un avenir plein de dangers pour elle : elle déclara la guerre à la Russie.

Pour mieux juger les événements qui ont eu lieu depuis, et la force relative des deux empires, il sera utile de jeter un coup d'œil rétrospectif sur l'état dans lequel se trouvait la

Turquie au moment de la guerre de l'année
1828.

Personne ne fut étonné alors des défaites qu'eut
à essuyer la Turquie; tout le monde est étonné
aujourd'hui de la résistance qu'elle a su opposer
à des moyens d'attaque très-supérieurs à ceux qui
avaient alors été dirigés contre elle. L'explication
de ce qui vient de se passer ne pourrait-elle pas
se trouver par l'examen des faits antérieurs?

La première question qui se présentait à l'esprit à la suite du traité d'Andrinople, était celle
de l'existence de l'empire ottoman. Toutes les
puissances voulaient sa conservation : la Russie
tel qu'elle l'avait fait, les autres, faute de mieux,
tel qu'elles le retrouvaient. L'examen de cette
question était devenu la première nécessité de
l'époque; il était surtout indispensable pour l'Autriche de s'en occuper, menacée à la fois, comme
elle peut l'être, par la puissance de l'un de ces
empires, comme par la faiblesse de l'autre.

Toutes les observations qui ont déjà été faites
sur le traité d'Andrinople, compliquaient peut-être
davantage encore cette question, à l'examen de la-

quelle ne pouvaient présider ni les mêmes vues
ni les mêmes intérêts. Les uns, en effet, déplo-
raient l'avilissement du Sultan, les autres exal-
taient la modération de l'Empereur; les uns en-
visageaient la chute de l'empire ottoman comme
un malheur, les autres la désiraient, ou comme
un événement riche d'avenir, ou comme une cause
de trouble, dont tous les partis révolutionnaires
d'alors se promettaient bien de tirer profit.

Pour sortir de ce dédale politique qu'avaient
amené des passions opposées, il faut aujourd'hui,
le plus possible, dégager cette question des
circonstances qui l'obscurcissent encore, et donner
à ses propres pensées l'expression la plus simple.

L'ascendant que, depuis soixante ans, la Russie
a conquis sur l'empire ottoman, et qu'elle sait
exercer d'une manière peut-être plus dangereuse
encore par la paix que par la guerre, fait de ses
desseins le premier élément du calcul qui nous
occupe.

Que voulait alors et que veut encore la Russie?
Il y aurait, certes, une espèce d'idiotisme politique à parler de la modération d'une puissance

qui, depuis un siècle, marche du même pas à un vaste système de conquêtes, et qui sait, pour le même but, tirer parti des circonstances les plus difficiles et les plus opposées.

En rattachant le traité d'Andrinople aux transactions antérieures, on le trouve dicté par le même esprit; c'est un pas de plus fait dans le même système, et ce pas fut tellement grand qu'il pouvait être décisif. Marcher sur Constantinople avait été un acte de courage; avoir paru se laisser arrêter pour ainsi dire aux portes de cette capitale, par des négociations étrangères, fut un acte de grande habileté, car la force numérique d'hommes sous les armes à Andrinople n'eût jamais pu permettre au maréchal Diebitsch de tenter de s'aventurer au milieu d'une population musulmane aussi considérable que celle de Constantinople; consentir à la paix, s'arrêter, c'était donner à une impossibilité matérielle le caractère d'une haute modération politique.

Dans le fond, ce n'était pas encore le renversement de l'empire ottoman que voulait alors la Russie : rien n'était préparé pour une pareille conquête. La question était trop compli-

quée pour la trancher ainsi d'un seul coup
d'épée.

Qu'on se figure, en effet, le Sultan renversé;
tous les peuples chrétiens de l'empire en présence
des peuples musulmans, les uns et les autres sans
maître et sans obéissance, tous poussés par de
vieilles haines et des passions opposées; qui donc
eût osé, seul, se croire assez fort pour maîtriser
un tel désordre? Et, au milieu de ce désordre, la
France et l'Angleterre, alliées de la Russie, et ne
voulant pas ce que faisait la Russie; et l'Autriche,
seule de son bord, ne pouvant faire autre chose
que de voir et d'attendre. En face d'une pareille
situation, un empire turc, mais faible et désarmé,
convenait bien plus aux intérêts de la Russie que
de vastes débris dont il eût alors été absolument
impossible de régler le sort.

Ainsi dégagée de l'intention active de la Russie,
de renverser l'empire ottoman, la question que
nous examinons se présentait d'une manière plus
simple.

Cet empire, tel que la guerre venait de le montrer, et tel que l'avait laissé la paix, pouvait-il
continuer à exister?

Pourquoi l'empire turc s'était-il montré si faible dans cette guerre? Ceux qui, par ces résultats, se regardaient alors comme perdus, avaient-ils bien jugé de sa situation? Ne se trompaient-ils pas en attribuant la défaite du Sultan à la seule supériorité des armes russes?

Sans entrer dans l'examen des moyens militaires qui se trouvaient à sa disposition, ne suffit-il pas de considérer ce que la destruction des janissaires, qui venait d'avoir lieu, et la formation à peine commencée de nouvelles troupes, devaient apporter d'incertitude et de faiblesse dans tous les mouvements? Indépendamment des causes intérieures permanentes et de celles momentanées qui avaient produit cet affaiblissement, ne fut-ce pas une véritable coalition contre laquelle la Turquie eut alors à se défendre? Les positions étaient différentes, mais tous la combattaient : la Russie, par une guerre ouverte; la France et l'Angleterre, tantôt par les armes, comme à Navarin et en Morée, tantôt par des négociations, comme à Constantinople et à Alexandrie; l'Europe, par des secours de toute sorte prodigués aux Grecs, et par le mouvement de l'opinion publique qu'entraînaient des écrivains hostiles; les neutres par le blâme; ses amis, enfin, par le conseil de céder à l'orage. Nous le demandons, quelle est la puissance européenne qui aurait pu résister à un pareil concours de circonstances? Il ne fallait donc pas être surpris que la Porte ait succombé dans une lutte aussi inégale, il fallait bien plutôt s'étonner qu'elle eût osé l'entreprendre. Ce courage n'est explicable que parce qu'elle a manqué de ce degré de pénétration qui eût été nécessaire pour se rendre un compte bien précis de sa position.

Ce serait donc mal mesurer l'empire ottoman, dans ses rapports avec la Russie, que de se servir, pour le faire, de l'époque d'alors. Qu'on laisse, en effet, Ibrahim en Morée, la flotte turque intacte rentrer dans la mer Noire, et toutes les combinaisons matérielles et morales de la guerre eussent été changées.

On a depuis, en Angleterre, qualifié cette journée de Navarin d'un événement malheureux, tandis que les biographes français disent que l'amiral Rigny est, en partie, mort de chagrin de la part de gloire qui lui revenait de cet incendie de Navarin, dont on continue de célébrer l'anniversaire à Saint-Pétersbourg, ce qui est une preuve constante de l'avantage qu'y trouva la Russie.

La lutte ne s'était donc pas trouvée placée entre les deux empires seuls. Le Sultan pouvait-il espérer que le traité d'Andrinople le laisserait sans ennemis, et s'il ne devait plus avoir à combattre sur le champ de bataille, pouvait-il espérer qu'après l'émancipation de la Grèce, les Grecs qui seraient encore soumis à sa domination seraient des sujets fidèles ou, au moins, de véritables neutres?

Toutes les puissances paraissaient se réunir dans l'intention de conserver l'empire ottoman; mais était-ce dans le même but et avec le même degré de foi dans son avenir?

La Russie le voulait tel qu'elle venait de le faire, faible et pour ainsi dire à sa merci, pouvant à son gré et selon sa convenance lui déclarer la guerre ou lui laisser la paix.

L'Autriche dut vouloir l'intégrité de l'empire ottoman; mais un empire affaibli lui convenait

aussi davantage que l'ancienne puissance musulmane qu'elle avait à combattre.

L'Angleterre le voulait conserver, et le voulait
fort; mais incertaine qu'il pût se soutenir, elle
augmentait elle-même les dangers qui le menaçaient. Le cabinet britannique, par la création
d'un État grec, voulait sans doute poser une pierre
d'attente pour toutes les chances qui pouvaient
survenir en Turquie. Le seul résultat positif de
cette combinaison devait être de renverser plutôt
l'empire que l'Angleterre voulait conserver, sans
que l'État grec pût en ressaisir et en rassembler
les débris ; car il n'y a rien ni en Morée ni chez les
Grecs du royaume qui soit de nature à commander à des éléments si nombreux et si divers.

La France, par la mobilité de son intérieur,
échappait à tous les calculs. Cependant si une
politique exclusivement révolutionnaire ne devait
pas y prendre le dessus, d'anciennes traditions
pouvaient faire présumer que l'idée de la conservation de l'empire ottoman serait dominante dans
ses conseils.

La Prusse, séparée par la géographie, et n'ayant
aucun intérêt maritime dans les mers du Levant,

ne pouvait avoir d'autre désir que de s'opposer à des combinaisons qui tendraient à agrandir ses voisins sans lui présenter de pareilles chances. Son action devait donc être et devait rester toute de conciliation.

Ainsi, les puissances, prises collectivement, n'avaient rien dans leurs projets qui fût hostile à la Porte; le danger qui pouvait la menacer ne devait donc pas venir des cabinets. Mais d'autres forces ont été mises en action.

Les formes libres de deux grands États comme la France et l'Angleterre ont fait naître en Europe une nouvelle puissance : c'est celle des individus réunis entre eux et coalisés sous le nom singulièrement légal d'opposition; qualification encore modeste alors. Ces mêmes individus ont pris depuis ouvertement celle de révolutionnaires. Ils ont une politique différente de celle des États ; ils sont d'autant plus dangereux qu'ils s'adressent à toutes les passions pour les remuer et les entraîner, tandis que les gouvernements qui ne veulent que tranquilliser et conserver ne peuvent faire que de la raison d'État.

Que l'on jette un regard en arrière sur cette

vaste complication orientale ; elle en est une
preuve irrécusable et permanente. Ce sont des
individus qui ont suscité, fomenté et fait éclater
la révolution de la Grèce ; ce sont des individus
qui l'ont protégée et nourrie, et qui en ont augmenté le développement ; ce sont des écrivains,
sans autre mission que leur opinion personnelle,
ou l'intérêt d'un parti, qui ont agité l'opinion de
l'Europe. C'est de la même manière et dans les
mêmes voies que, depuis ce temps, la réforme
de l'empire ottoman a été entreprise. Tous
les moyens, tous les artifices ont été employés
pour entraîner les gouvernements ; les cabinets, longtemps sur la défensive, ont fini par
être débordés et pour ainsi dire forcés à une
activité souvent contraire à leur conviction
et presque toujours dangereuse pour leurs intérêts.

C'est en pleine paix que cette exubérance de
force et d'activité qui agite l'Europe devait continuer à faire du nouvel État grec et de la
Turquie ce vaste foyer de complications politiques que nous voyons se manifester aujour-
d'hui. C'était donc le danger d'une révolution
intérieure suscitée par l'étranger ou, pour

mieux dire, par des étrangers, bien plutôt
qu'une agression ouverte que la Porte avait à
craindre.

Passons, pour en juger, à un examen plus dé-
taillé de la situation.

En se représentant la Turquie dégagée de tous
les embarras qui lui ont été causés par l'intervention étrangère dans les affaires de la Grèce, en la
replaçant dans la situation naturelle de sa défense
contre la Russie, les résultats de la guerre de 1828
et 1829 eussent-ils été ceux que nous avons vus?
La supériorité de la tactique européenne eût sans
doute fini par triompher; mais le triomphe,
comme dans les dernières guerres antérieures,
eût été resserré dans des limites plus étroites. Au
lieu de la capitulation d'Andrinople, nous eussions
vu, après deux ou trois campagnes, les armées af-
faiblies bien davantage par les maladies et les pri-
vations que par le feu des batailles, et les parties
fatiguées signer la paix dans une bourgade de la
vallée du Danube. Le traité de paix, à l'exception
de l'indemnité pour frais de guerre eût pu être, à
peu de différence près, celui qui fut signé à Andrinople.

Si l'on fait abstraction de l'impression morale
produite par l'invasion du territoire ottoman et
de l'état de faiblesse dans lequel l'avait montré la
guerre, surtout en Asie, le traité enlevait matériellement peu de chose à la Turquie. La Russie y
gagnait beaucoup, la Porte y perdait peu. En effet,
les points isolés cédés en Asie avaient peu de valeur pour les Turcs, ils en avaient une grande
pour les Russes. Celui d'Achaltzik méritait surtout
d'être pris en considération, car il enlevait aux
Turcs la possession d'un point fortement offensif
contre la Géorgie, tandis qu'il assurait à la Russie
des avantages que nous montrerons plus tard. La
Valachie et la Moldavie acquéraient un degré de
plus d'indépendance transitoire ; mais ce n'était
pas un sacrifice pour la Porte ; car pouvait-elle
encore considérer ces provinces comme des pos-
sessions utiles à sa puissance? Un sacrifice commencé depuis longtemps venait d'être augmenté,
et si l'avenir devait l'achever, le Sultan n'y perdrait rien.

Les clauses les plus onéreuses du traité étaient
celles qui ajoutaient de nouveaux droits d'ingé-
rence à ceux que déjà les Russes pouvaient exercer dans l'intérieur de l'empire ; mais toutes ces

clauses ; soit qu'elles eussent rapport à des questions religieuses ou de navigation et de commerce, imposées à la faiblesse et surtout à l'ignorance, pouvaient cesser d'être nuisibles et devaient
tomber d'elles-mêmes devant une administration
plus forte et plus éclairée.

Si les dangers extérieurs ne menaçaient pas , il
est vrai, l'empire turc d'une destruction prochaine
et violente, il était cependant entouré d'un mouvement déjà trop fort pour continuer à exister,
comme il existait depuis longtemps , par la seule
force d'inertie de sa lourde masse. Ce n'est donc
qu'en agissant sur elle-même que la Porte devait
trouver les moyens d'échapper à sa ruine; car
c'est dans son intérieur que se trouve la source du
mal qui l'y conduit.

Le Sultan possède des domaines immenses, tous
situés sous la plus heureuse latitude. Assis sur la
mer Noire et sur la Méditerranée , il touche à la
mer des Indes par la mer Rouge et par le golfe
Persique. La plus faible intelligence aurait pu suffire pour faire de Constantinople l'entrepôt du
plus vaste commerce ; mais la Turquie est l'empire
de la mort sans le bienfait de la reproduction. Les

Sultans, depuis leur établissement sur les ruines du Bas-Empire, n'ont vécu que du capital de leur conquête. Ils ont tout épuisé, l'intelligence comme la population et l'industrie. Le Sultan se tromperait s'il croyait que l'organisation d'une force matérielle puisse, seule, le sauver et rendre la vie à son empire; des hommes habillés, armés et rangés sur trois lignes ne suffisent pas pour faire la guerre comme l'Europe la sait faire aujourd'hui; c'est un art qui a besoin de sciences positives et d'une vaste intelligence des moyens d'administration.

Depuis le sultan Sélim, on sentait au sérail le besoin de réformer et de rajeunir un empire épuisé et vieilli : on commença par la destruction d'une milice devenue lâche et rebelle. C'était un obstacle jeté hors du chemin; mais substituer matériellement une nouvelle milice à l'ancienne, était-ce assez pour avoir la garantie de son habileté ou de son obéissance ?

Depuis longtemps on disait que l'Asie était le véritable centre de la puissance musulmane; cette dernière guerre venait de prouver le contraire : aucune partie de l'empire ne s'était montrée plus faible; on n'y vit qu'ignorance et découragement, pour ne pas dire lâcheté, tandis qu'il y avait eu, au moins en Europe, quelques combats qui n'avaient pas été sans courage.

Une appréciation exacte de toutes les circonstances qui ont amené la décadence de l'empire ottoman doit mettre en évidence que, pour éviter sa chute totale, *il faut qu'il devienne un État européen, et cela par la simple raison que le centre de sa puissance est en Europe.* La possibilité d'y parvenir deviendrait une seconde question; mais ce n'est pas celle dont nous voulons nous occuper.

Dans le vaste ensemble de ce qui a été écrit sur l'empire turc depuis le commencement de la question grecque, on retrouve toujours comme une opinion qui n'est pas mise en doute que, si cet empire croulait en Europe, il continuerait à exister en Asie.

Le caractère de la puissance ottomane en Asie nous fait adopter une opinion diamétralement opposée.

Toutes les parties dont se compose l'empire

turc en Afrique comme en Asie sont distinctes et, pour ainsi dire, séparées les unes des autres : le Maroc, les trois régences barbaresques, l'Égypte, les Arabies, la Syrie et l'Asie Mineure ne sont tenues ensemble qu'au moyen de l'obéissance religieuse au chef de l'islamisme. Si ce chef venait à être chassé de Constantinople, où irait-il? Chez les Arabes qui seraient la partie la plus considérable de ses sujets, ou chez les Turcs répandus sur d'aussi vastes surfaces comme les dominateurs de populations entièrement étrangères les unes aux autres? Et si l'Asie Mineure pouvait redevenir un centre de puissance, le Sultan pourrait-il se maintenir en face des nouveaux maîtres de Constantinople ou de la puissance russe qui pourrait y pénétrer par le Caucase?

Quelques lignes géographiques suffiront, sous ce dernier rapport, pour établir le calcul militaire le plus évident.

Il faut partir du point de vue que la Russie se trouve en possession du district et de la forteresse d'Achaltzick. Il n'y a que cent cinquante lieues de France de cette place à la Méditerranée où l'on arrive en ligne droite dans les environs d'Alep.

Cette ligne qui est une chaîne de montagnes, rend maître de toutes les positions dominantes. On peut, à son gré, descendre avec le Tigre et l'Euphrate vers le golfe Persique, ou bien, en prenant le versant opposé, aller vers la mer Noire et la Méditerranée. On peut avec facilité asseoir une ligne de défense très-courte entre le haut Euphrate et la Méditerranée pour s'opposer à ce qui voudrait sortir de Syrie. Toute cette surface est renfermée dans un triangle à deux côtés égaux dont Achaltzik forme le sommet, et dont l'un des côtés va aux bouches de l'Euphrate et l'autre aux Dardanelles. La ligne qui réunit ces deux points forme la base de ce triangle, elle a environ quatre cents lieues de longueur et chacun des côtés environ deux cent cinquante ; la perpendiculaire d'Achaltzik sur cette base en a environ cent cinquante. Cette configuration de terrain et ces distances prouvent avec quelle facilité une armée russe qui déboucherait du Caucase pourrait envahir et défendre tout ce territoire après l'avoir conquis. Il n'y a rien, en Asie, qui puisse lutter contre sa supériorité ; on a vu comment et avec quel succès le maréchal Paskiewitch a fait ses guerres successives contre la Perse et contre la Turquie. Les opérations des Russes sont basées,

par le Volga et par la mer Caspienne, sur toutes
les ressources de leur vaste empire. Si des fruits
et des poissons viennent d'Astrakhan, pendant
tout le cours de l'année, approvisionner les marchés de Saint-Pétersbourg, combien plus facilement ne portera-t-on pas à la mer Caspienne, en
descendant le Volga, tous les approvisionnements
de l'armée placée en Géorgie?

Si nous avons vu 50 000 Anglais, dont la moitié soldats et l'autre administrateurs, conquérir,
fonder et gouverner le vaste empire de l'Indoustan, croit-on que cet exemple ne doive exercer
aucune influence sur les déterminations du cabinet de Russie? Peut-on supposer qu'il n'ait pas
senti tous les avantages que lui donnerait la
proximité? Les Kurdes et les Bédouins, si
ceux-ci voulaient continuer à traverser leurs
déserts pour venir chercher un pillage habituel
où ils ne trouveraient plus que des dangers,
vaudraient-ils mieux que les Maharattes et les
Pindaries dont les Anglais ont fini par triompher?

Nous croyons donc que, si l'empire turc croulait en Europe, la Russie en saisirait les meilleures

dépouilles en Asie et que rien ne pourrait l'en
empêcher.

En s'occupant de la possibilité, comme on le
faisait à l'époque de la révolution grecque, de
mettre un État chrétien à la place de l'empire
turc, on admettait, assez généralement, comme
préliminaire ou bien comme conséquence forcée
de cette combinaison, la retraite des musulmans
en Asie. On en concluait peut-être, que cette population mahométane, resserrée sur un terrain
plus étroit, retrempée par un grand malheur, re-
deviendrait plus guerrière. Mais alors il aurait
fallu examiner de combien l'Asie se trouverait
renforcée par les Turcs de l'Europe.

Les Bosniaques, les Albanais, les Arnautes, ne
sont pas des races asiatiques ; ce sont d'anciens
chrétiens devenus musulmans : ils tiennent au
sol, ils ne le quitteront pas si on ne les en chasse
pas individuellement les armes à la main. Le
nombre des Turcs qui repasseraient en Asie se
réduirait donc à celui que le fanatisme anime encore ; il est peu considérable.

Plusieurs millions de mahométans vivent tran-

quilles et fidèles sous les lois de l'Angleterre dans
l'Indoustan, sous les lois de la Hollande dans ses
colonies, comme sous celles de la Russie dans son
empire : pourquoi les Turcs d'Europe ne vi-
vraient-ils pas également sous des dominations
chrétiennes s'ils y trouvaient la consécration et la
jouissance de leur propriété avec la liberté de leur
culte ? Ce n'est que leur domination qui produit l'incompatibilité ; celle des chrétiens, plus tolérante,
donne la possibilité de cohabitation sur le même
territoire. Le maréchal Paskiewitch n'avait-il
pas formé des régiments musulmans dans les provinces conquises sur la Perse, et ne s'en servit-il
pas avec avantage dans la guerre contre les Turcs?

La Russie a donné, depuis le rétablissement de
la paix générale en Europe, beaucoup de soins
au développement de ses moyens comme puissance asiatique ; tout son système prohibitif commercial qu'elle suit avec tant de rigueur, malgré les
embarras momentanés qu'il lui cause, repose sur
la simple combinaison de fermer ses frontières
vers l'Europe pour les ouvrir vers l'Asie, c'est-à-
dire créer des manufactures en Europe pour les
marchés d'Asie. Ce mouvement d'administration
vers l'Asie y entraînerait le mouvement militaire,

quand même la conviction de pouvoir l'y dé-
ployer avec avantage n'y existerait pas encore;
mais elle existe par suite de l'expérience des deux
dernières guerres, et par le simple calcul que savent faire toutes les sommités de l'armée, que ce
n'est qu'au prix de beaucoup de sang que la
Russie pourrait encore faire la conquête d'une
seule province en Europe, tandis que d'immenses
surfaces sont ouvertes à son activité en Asie.

La situation de la Russie la porte à exercer sa
prépondérance comme puissance asiatique dans
la direction qu'elle a prise entre la mer Noire et
la mer Caspienne ; cette direction la conduit en
Perse et en Asie Mineure. Au nord-est de la mer
Caspienne, la Russie ne trouve que des peuples
nomades, les Kirghiz, des Tartares de plusieurs
dénominations : Khiwiens , ceux de l'Aral et
Boukhares. Elle a de l'intérêt à ne pas mettre
en mouvement ces masses d'une nature si mobile. C'est donc par l'Arménie vers l'Asie Mineure que se portera toute son activité ; c'est par
cette direction que la Russie pourrait attirer à
elle le commerce le plus lucratif, puisqu'il se rap-
procherait de la route la plus directe des Indes.
Les Anglais ont été occupés plusieurs années de

la recherche des moyens d'ouvrir cette route à leur commerce. Le colonel Rawlinson avait été mis à la tête de cette entreprise qui est restée sans résultat, mais qui a conduit à donner des certitudes sur une époque de l'histoire ancienne qui était pour nous presque fabuleuse.

Il y a encore au fond de toute cette grande histoire orientale, un mystère qui n'est pas dévoilé. Si nous ne disons pas, si nous ne voulons pas aujourd'hui dire le mot de cette grande énigme, nous allons au moins chercher à faire deviner quelques-unes des syllabes dont se compose ce mot.

Comment se fait-il que, tout à coup, l'on ait grandi la Russie au point d'en faire un empire plus fort que le reste du monde entier? La Russie, dit-on, peut, quand elle le voudra, envahir la plus grande partie de l'Asie, se tourner en même temps vers l'Europe, prendre le Sund, renverser l'empire turc, s'établir à Constantinople, sortir des Dardanelles, et faire un lac russe de la Méditerranée. Marchant alors en front par l'Europe centrale, elle parviendrait bientôt à l'asservir tout entière. Et comme on la voit déjà tou-

cher, par le nord de l'Asie, aux États-Unis de
l'Amérique, c'est alors que l'on verra s'établir
cette immense lutte entre l'ancien monde et le
nouveau, chacun de ces deux mondes représenté
par une seule puissance, et chacune de ces deux
puissances représentant l'une le principe du despotisme, et l'autre celui de la liberté. Et c'est par
cette lutte, dont l'issue ne peut être douteuse,
que le genre humain tout entier arrivera à son
affranchissement.

Nous ne disons rien d'exagéré : toutes ces choses ont été écrites dans des livres et des pamphlets
de diverses couleurs. N'est-ce pas véritablement
composer de nouveaux contes de Perrault à l'u-
sage des grands enfants que de leur raconter tous
les dangers dont la marine russe menace le monde
entier ?

Cette marine a deux flottes : celle de Cronstadt
et celle de Sébastopol. La première, prise pendant
sept mois par les glaces, est conduite, au moment
où elle peut en sortir, pour aller prendre pendant
quelques semaines des bains d'eau salée à l'entrée
de la mer du Nord afin de remettre et de fortifier
les corps de ses vaisseaux affaiblis par la trop grande

quantité d'eau douce que déverse à Cronstadt la
Newa, seul émissaire des immenses lacs de l'Onéga
et du Ladoga.

Quant à la flotte de Sébastopol, de meilleure
constitution, c'est elle qui doit se rendre maî-
tresse de Constantinople et de la Méditerranée ;
et c'est cette mer Noire, sombre, orageuse, étroite,
qui n'a qu'un seul port, à laquelle les fleuves qui
viennent de Russie (le Don, le Dnieper, le Dniester) apportent plus de sable et de limon que d'eau
vive, qui doit faire trembler Constantinople, la
position maritime du globe la plus grande, la plus
forte, défendue des deux côtés par de superbes
détroits qui, réunis à la mer de Marmara, pourraient contenir toutes les flottes de l'univers ! et
toutes les îles de l'Archipel grec, les côtes de
l'Asie Mineure, de l'Égypte, toutes prêtes à lui
fournir des légions innombrables de matelots et
de bâtiments ! tout cet ensemble d'un caractère si
grand qui pourrait être si formidable, doit trembler devant cet unique port de Sébastopol qui n'a
d'autres matelots que des hommes de terre ; car
la Russie n'a dans aucune de ses eaux de marine
marchande assez nombreuse pour lui former des
équipages de mer.

Mais si cette position maritime si forte n'a point de marine, à qui donc en est la faute ? Qui donc a détruit, à plusieurs reprises, celle que la Turquie voulait se former ? Et quand, dans une position pareille, la force de la Russie n'est que relative, faut-il l'accuser de se préparer à un vaste système de conquête maritime ? Et faudrait-il, pour vous rassurer, chaque fois qu'on brûle un vaisseau turc ou égyptien, que la Russie, de ses propres mains, mît le feu à un nombre égal de ses vaisseaux ? Comme il est impossible cependant d'admettre qu'elle voulût avoir ce genre de bonhomie, c'est vous qui entreprenez de détruire la flotte russe, parce que, soit l'ignorance, soit l'inertie, d'autres circonstances ne permettent pas à la Turquie de se rendre puissance maritime.

Mais on va plus loin pour effrayer l'Europe : on dit que les Russes veulent sortir de chez eux, qu'ils obéissent en cela à une loi de la nature dont l'histoire de tous les temps donne la preuve ; qu'en vertu de cette loi, tous les peuples du nord se sont toujours avancés vers le midi.

Sans doute, le fait en lui-même est vrai ; il faut

cependant, pour le comprendre, en étudier les circonstances.

Les peuples du nord, encore sauvages, se sont transportés au midi; mais quel était leur sort? Ont-ils conquis le midi? Le sens qu'il faut attacher au mot de conquête est celui de s'emparer d'un pays étranger et de le soumettre à ses lois, mais sans renoncer à sa propre patrie. En a-t-il été ainsi des peuples du nord? Loin d'avoir été des conquérants, ce sont eux, au contraire, qui ont été absorbés. Qu'est-il donc advenu de tous ces peuples si divers? Ne se sont-ils pas tous transformés? Ils n'ont conservé aucun lien avec leur ancienne patrie; tous la quittaient pour ne plus y revenir, pour l'oublier à jamais; au point que la plupart d'entre eux ne savent plus même d'où ils sont venus. Y a-t-il quelque chose dans l'état actuel du peuple russe, ou même d'une partie de ce peuple, qui puisse faire admettre qu'il veuille, à l'instar, par exemple, du peuple irlandais, abandonner son pays pour s'établir ailleurs? Les Russes ne sont-ils pas, au contraire, connus pour aimer leur patrie avec un degré d'ardeur qui ne peut exister que par suite d'un sentiment d'orgueil ou de prédilection particulière?

On peut concevoir que tel gouvernement en Russie puisse vouloir se servir de la surabondance de sa population pour conquérir des pays voisins, pour les soumettre à son autorité et à ses lois; mais ceci n'aurait pas lieu en vertu de cette loi de migration qui conduit les peuples du nord au midi : ce serait le jeu d'une ambition individuelle.

Les seules races conquérantes sorties de l'Asie ont été les Mongols et les Tartares. Ils étaient venus non pas pour s'établir, mais pour piller, pour ravager ou pour asservir. Que sont-ils devenus ? Ils ont été refoulés par la civilisation dont ils ne voulaient pas, ils sont rentrés dans les steppes sauvages d'où ils étaient sortis et où ils sont encore.

Y a-t-il quelque chose dans le peuple russe qui puisse faire craindre un nouveau torrent de pareilles migrations ? N'a-t-il pas des campagnes fertiles et cultivées, des maisons, des villes, de l'industrie ? N'a-t-il pas des annales, une histoire dont il est fier, un sol qui n'est pas de l'herbe ou de la poussière et de la boue, mais une patrie riche d'ancêtres et de souvenirs? On dit oui, sans doute.

Mais un peuple aussi nombreux, parlant la même langue, ayant la même Église, obéissant au même maître, pourrait-il être contenu, s'il voulait se mettre en mouvement? La réponse la plus satisfaisante à donner à ce doute, c'est qu'il *ne le voudra pas*, parce qu'il *ne le peut pas*. Voit-on dans son organisation quelque chose qui ait conservé le caractère sauvage et primitif qu'il faut à un peuple pour le faire sortir de chez lui? L'organisation militaire qui a été donnée à l'empire russe est au contraire trop méthodique, trop compliquée, trop lourde pour en faire un peuple d'invasion. Les armées russes sont en tout point semblables aux armées européennes. Y a-t-il en Europe une seule armée qui soit organisée pour une invasion? Si le peuple russe est nombreux, il est répandu sur une vaste surface; les hommes y vivent plus loin les uns des autres que dans aucun autre pays de l'Europe. Et les peuples de l'Europe sont encore plus nombreux que lui : l'Europe centrale, à elle seule, lui est supérieure en nombre et possède le grand avantage d'être plus resserrée. L'Allemagne, pour être forte, n'a qu'à se mettre sur son séant : tout en elle et chez elle est toujours prêt pour sa défense. Si des époques de division venaient à favoriser une nouvelle in-

vasion, cette invasion n'amènerait jamais une conquête durable ni même un asservissement politique.

On répete sans cesse et l'on imprime tous les
jours, en Allemagne, qu'un grand peuple ne peut
pas se laisser enfermer par des détroits, ainsi que
les Russes doivent, d'un côté, s'emparer du Sund,
et, de l'autre, des Dardanelles; que la conquête de
ces débouchés est pour eux une loi d'avenir, et
ceux qui l'écrivent comme ceux qui le craignent
ne pensent pas que 70 millions d'Allemands ne
sont pas les maîtres des côtes qui leur appartenaient une fois; qu'ils sont, par le Danemark et
par la Hollande, et même encore par la Belgique,
plus enfermés chez eux que ne le sont les Russes.
Car enfin les Russes peuvent, de leur terre, entrer
dans la mer, et ils ne payent pas plus pour sortir
du Sund que les autres marines du monde ne
payent pour entrer dans la Baltique; ils peuvent,
de leur propre sol, se lancer dans toutes les mers
et aller aussi loin que leur commerce et leurs intérêts l'exigent.

La campagne que vient de faire la Russie sur le
Danube surprend l'Europe et surprend la Russie

elle-même, qui ne se rend pas compte de l'insuccès
de son entreprise ; l'Europe, de son côté, ne le
comprend pas davantage, ou du moins elle ne sait
pas attribuer les événements à leur véritable cause.

Les hommes qui sont à la tête des affaires, ou
qui se placent par leur activité à la tête de l'opinion
publique, disent unanimement que la supériorité
de la Russie en Orient est tellement grande, qu'il
est impossible de garantir l'empire turc contre le
danger qui ne cessera pas de le menacer aussi longtemps que cette supériorité existera. On arrive
donc à la conclusion que le seul moyen d'y rétablir
une paix durable ne peut se trouver que dans l'affaiblissement de la Russie.

La marche politique que la Russie suit depuis
longtemps envers la Turquie a, sans doute, donné
lieu de croire qu'elle ne tient envers elle aucun
compte du droit public européen. C'est par suite
de cette position d'entière indépendance qu'elle
a pris pour règle et qu'elle proclame comme un
droit de son empire qu'aucune puissance n'a le
droit d'intervenir entre elle et la Turquie et qu'elle
est décidée à ne jamais souffrir ce genre d'intervention.

Mais partout où le droit public européen viendrait à cesser, l'empire de la force devrait nécessairement s'établir, comme nous le voyons exister là où il n'a jamais été contenu par ce droit public. Aussi voyons-nous, comme une conséquence forcée de cet état de choses, que dès l'époque à laquelle les deux empires sont entrés en contact, il n'y a plus eu de véritable paix entre eux ; la guerre n'a jamais cessé que par suite de capitulations, qui donnaient toujours à la Russie le gage de nouveaux succès en lui ménageant tous les motifs de rompre les trêves quand il pourrait lui convenir de reprendre la poursuite de ses projets les armes à la main.

La Russie a été tellement habituée à suivre cette marche politique sans être dérangée par personne, elle avait toujours su mettre tant d'habileté à profiter de toutes les chances favorables que lui offraient les vicissitudes successives des guerres ou des révolutions qui occupaient l'Europe, et c'était un droit pour ainsi dire acquis par de si nombreux précédents, que le peuple russe tout entier tient aujourd'hui pour une injustice qu'on s'oppose aux derniers coups qu'il voudrait porter à la puissance turque.

Les puissances occidentales ont pris la résolution de porter, de leur côté, du secours à Constantinople, persuadées qu'elles étaient que la Russie, avec son armée de terre et sa flotte de la mer Noire, pourrait s'emparer de Constantinople dès qu'elle le voudrait. A présent, qu'une grande lutte matérielle vient de s'engager, le moment est arrivé d'expliquer les événements par l'examen des différentes positions et par le calcul des forces.

Les événements militaires qui viennent de se passer sur le Danube depuis que les armes russes ont commencé à entrer dans les Principautés, doivent prouver avec la dernière évidence aux esprits les moins habitués aux grands calculs de la guerre que la position naturelle de l'empire de Russie envers la Turquie en Europe est bien loin d'être aussi menaçante qu'on a voulu le croire. Cette supériorité a existé sans doute, mais restreinte aux territoires que les Turcs, dans les temps de leur puissance, avaient envahis au delà du Pruth et du Dniester, lorsqu'ils possédaient la Moldavie, la Bessarabie, la Bukowine, la Podolie, la Crimée et la mer d'Azow. Ces trois derniers territoires sont destinés, et resteront toujours destinés par la géographie, à faire partie d'un empire dont la capitale serait Kiew, ou Moscou, ou si l'on veut, comme aujourd'hui, Saint-Pétersbourg. Il a cependant fallu plus d'un siècle à la Russie pour en expulser les Turcs. Mais là s'arrête la supériorité naturelle de sa position [1].

L'ascendant que depuis lors la Russie a exercé sur Constantinople a été bien plutôt celui de la civilisation sur la barbarie que celui qui aurait découlé d'une position militaire plus forte.

Examinons cette partie de la question orientale avec tout le soin qu'exigent son importance et l'inquiétude générale qu'elle cause.

1. Il faut remarquer que la Crimée n'a jamais été conquise ni occupée par les Turcs. Une des plus illustres hordes de Tartares, détachée de ceux qui vinrent d'Asie s'établir sur le Volga et y fonder le royaume de Kasan, vint se jeter dans la Crimée, dans le moment où Mahomet II venait de s'emparer de Constantinople ; ce qui mit la population chrétienne de la Crimée, presque entière génoise, dans la terrible alternative de périr ou d'embrasser l'islamisme. Le kan de Crimée devint vassal du chef de l'islamisme, sans que jamais un seul Turc eût mis le pied sur son territoire, occupé qu'il est encore aujourd'hui par ces mêmes Tartares restés mahométans et devenus sujets de la Russie après avoir été plusieurs fois, dans les temps antérieurs, les alliés des grands-ducs de Russie dans leurs guerres avec les Lithuaniens.

Commençons par rappeler un principe incontestable. Tout empire qui dépasse les limites naturelles de sa puissance s'affaiblit. C'est en vertu de ce principe qui doit servir de base à la politique des États, qu'une ambition qui manque de mesure a toujours trouvé, ou le frein qui l'arrête, ou la peine qui la corrige. Ne citons pas les preuves de ce fait que nous donne l'histoire; ne citons que celles que nous a données notre époque; elles parleront plus directement à tous les esprits.

Napoléon, à la fois homme politique et grand homme de guerre, a perdu la puissance de son génie dès le moment qu'il voulut dépasser les bornes que les lois morales opposent à l'action de l'homme.

Napoléon disparut avec son œuvre dès le moment qu'il eut violé toutes les règles à la fois, celles de la politique comme celles de la guerre. Il devait périr dès le moment que, ne suivant plus aucune règle, il fut réduit à chercher sa force dans le nombre : combinaison qui manque de génie et par conséquent de supériorité; car il devient facile à tous les esprits, même aux plus

médiocres, de comprendre que tous les hommes
seront toujours plus forts qu'un seul homme,
comme tous les peuples seront toujours plus forts
qu'un seul peuple. Leur réunion devient toujours
facile quand tous sont également blessés dans
leurs droits comme dans leurs intérêts.

Napoléon, après avoir pour quelques instants
brisé l'unanimité de l'insurrection du peuple es-
pagnol qui s'était levé pour défendre la maison
régnante, le fit insurger, une seconde fois, et
d'une manière plus unanime encore, quand il eut
fait connaître, par ses mesures militaires et admi-
nistratives, le projet qu'il avait de prendre l'Èbre
pour frontière de l'empire français. Il oublia, pour
ainsi dire en même temps, les règles de la guerre
et toutes les lois de l'art militaire. Il sapa lui-même
les bases de la discipline parmi ses généraux en
voulant continuer, de Paris, à jouer en Espagne
le gros jeu des batailles. La science stratégique et
les à-propos des champs de bataille disparaissent
tous à pareille distance.

Les hommes d'État, comme les hommes de
guerre, trouveront sous les rapports les plus divers les plus utiles enseignements à méditer dans

les Mémoires du roi Joseph qui viennent d'être publiés : jamais les fautes du génie, jamais les abus de pouvoir, jamais les violations du droit public, jamais le froissement des intérêts des nations comme le mépris de ceux des particuliers, n'ont été mis en lumière d'une manière plus utile pour tous ceux qui auront la sagesse et le bon esprit d'en profiter.

Quand l'homme, après la fatigue d'une journée passée dans le trouble, veut se reposer un instant des désordres de la terre et qu'il élève les yeux vers cette voûte du ciel si prodigieusement étoilée, il y trouve la preuve la plus lumineuse que le Créateur a mis son esprit en rapport avec les lois organiques de l'univers ; car il peut reconnaître ces lois, il peut les expliquer, il sait les calculer avec une précision dont tous les phénomènes de la nature lui donnent la certitude. Si les lois organiques du monde n'étaient pas fixées comme elles le sont, la raison de l'homme ne saurait rien comprendre à un mouvement qui n'aurait pas de règles. Le monde, livré au hasard, ne serait qu'une série d'accidents plus sensibles probablement les uns que les autres. L'idée que l'homme peut se faire du chaos est précisément celle de

l'univers sans les lois qui le régissent; aussi
l'homme ne date-t-il sa création que du moment
de la régularisation de ces lois. C'est une des ex-
plications de la création mise à la portée de la
faiblesse de son intelligence. L'homme ne comprend l'univers que parce qu'il y voit régner
l'ordre; mais n'importe qu'elle soit l'origine de
cet ordre, son existence nous suffit ; elle prouve
que la raison de l'homme n'a été mise en rapport
qu'avec les lois de la stabilité, de la règle et de
la vérité. Hors de l'empire de ces lois, il ne comprend plus rien, il ne sait plus rien ni calculer
ni prévoir. Le temps et l'espace ne seraient plus
rien pour lui ; il regarderait tout ce qu'il verrait
comme toutes les espèces d'animaux regardent
tout ce qu'ils voient, sans autre impression que
celle du froid et du chaud, de la faim et de la
soif.

Sera-t-il possible d'admettre que la raison de
l'homme soit mise en rapport avec les grandes
lois de l'ordre dans l'univers et que ce rapport
n'existât pas pour lui sur la terre qu'il habite? Ce
rapport doit donc exister, et il existe en effet.
Car l'homme comprend tout ce qui est autour de
lui et sous ses pieds comme il a compris ce qui

est au-dessus de lui. Les sciences naturelles ont
acquis un tel degré de développement qu'elles
expliquent déjà une grande partie des phénomènes dont nous sommes les témoins. Nous trou-
vons, à chaque pas que nous faisons, à chaque
objet que nous touchons, des preuves de l'ordre
invariable qui règne en toute chose. Chacun de
nos regards en aperçoit les nombreuses manifestations. Plus notre intelligence est cultivée, plus
aussi acquérons-nous la preuve du rapport intime
qui existe entre l'ordre et notre esprit. La sphère
de notre activité doit donc être celle de la règle
et de l'ordre. Nous devons donc avoir la conscience que, toutes les fois qu'une de nos actions
produit du désordre, nous serons sortis des voies
de la justice : le droit, la justice, la vérité, sont
trois attributions strictement liées les unes aux
autres ; ce qui n'est pas juste n'est pas dans le
droit, et ce qui n'est ni droit ni justice ne peut
être la vérité.

Quelque courte que puisse être la vue de
l'homme, elle suffira cependant toujours pour lui
donner la certitude qu'il est, pour tel cas déterminé, dans le droit, dans le juste et dans le vrai.
Il peut toutefois se tromper ; il peut croire être

dans son droit, il peut croire être juste et se per-
suader qu'il défend ce qui est vrai. L'illusion que
l'erreur de son esprit fait à sa conscience produit
alors l'énergie de son action. Cependant quand
cette action ne cause que du désordre et des malheurs ne devrait-il pas être averti? Et s'il est
averti, ne doit-il pas s'arrêter et délibérer? Nul
doute qu'il le fasse s'il est homme de bien, s'il est
de bonne foi, s'il a le courage d'abaisser sa raison
devant la vérité.

Mais voici la difficulté.

Dans la vie privée les notions du juste et de
l'injuste sont si fortement tracées, que chaque
homme peut les apercevoir. Celui qui met la main
sur quelque chose qui n'est pas à lui sait bien
qu'il touche au bien d'autrui ; celui qui ment sait
bien le tort qu'il se donne; celui qui calomnie sait
bien le mal qu'il fait. Il en est autrement de la
vie publique. Les idées se compliquent par la
complication des intérêts, par la multiplicité des
rapports ; les complications deviennent plus difficiles encore quand le strict droit de la justice
se trouve en face de la prétention des peuples de
se faire un droit particulier. Lorsqu'il s'agit de la
vie des nations, livrées qu'elles seraient à elles-

mêmes, elles ne trouveraient la mesure et la con
science de leur droit que dans le sentiment de leu
force.

Mais il suffit, dans l'ordre moral, d'un seul fau:
principe pour en déranger tout l'équilibre. C'es
une sublime incompatibilité qu'il y a entre la vé
rité et l'erreur qui maintient l'ordre dans l'uni
vers et qui seule peut maintenir aussi l'ordre dan
la société humaine.

Peu importe le principe sur lequel on veuill
faire reposer l'empire de la volonté d'un peuple
que ce soit de la nationalité, ou celui de la reli
gion, ou celui de la politique, les conséquences ei
seront les mêmes pour l'autorité, qui ne devien
alors qu'un corollaire tandis que cependant ell
veut être un principe. C'est-à-dire que l'autorit
ne devient alors qu'une délégation qui n'exerce l
pouvoir qu'au nom du peuple et dans le sens d
principe qui donne de l'action à ce peuple.

L'abus du pouvoir doit toujours porter s
peine, qu'il vienne du prince ou qu'il vienne d
peuple. Mais un prince qui, pour donner plus d
force à sa volonté, lui imprimerait le caractèr

d'une volonté nationale, ferait bien plus qu'un abus de pouvoir, il en ferait l'abandon; ce serait une sorte d'abdication en faveur d'une volonté qui ne serait pas transitoire comme l'était la sienne. Il en résulterait une force qui deviendrait tellement puissante qu'elle ne pourrait être combattue que par d'autres forces de la même nature. Cette erreur serait d'autant plus dangereuse qu'elle suspendrait l'action du pouvoir des souverains pour lui substituer l'action des peuples. L'exercice des lois internationales se trouvant alors empêché, les gouvernements se trouveraient poussés malgré eux dans des voies de fait qu'ils eussent voulu éviter sachant en calculer les dangers mieux que les peuples. On verrait, en pareil cas, les mouvements de volonté nationale devenir si puissants que, même dans les pays où des corps constitués sont appelés à représenter cette volonté nationale et doivent agir en son nom, le peuple ne respecterait plus sa propre délégation; il reprendrait pour ainsi dire l'exercice de sa propre souveraineté en dictant à ses représentants le sens dans lequel il entendrait qu'elle soit exercée.

La puissance du mal est bornée dans l'individu par les limites naturelles mises à tout ce qui est individuel. Elle est alors transitoire, ce qui explique la patience avec laquelle on en supporte les écarts. Mais quand cette puissance est celle d'un peuple tout entier, il n'y a plus que celle d'autres peuples qui puisse lui être opposée. Aussi voit-on dans l'histoire que les grandes conflagrations ont de tout temps été amenées par l'égoïsme des nations puissantes qui n'ont voulu reconnaître d'autre règle que celle de leur bon plaisir, et leur bon plaisir est toujours celui de leur orgueil et de leur intérêt.

La société moderne aurait déjà péri comme a péri l'ancienne si un sentiment universel de justice qui tire son origine du christianisme n'avait pas fait naître le droit public qui s'est montré supérieur au droit particulier de chaque peuple, et qui a toujours fini par faire rentrer sous l'empire de ses lois les individus, souverains ou peuples, qui avaient voulu s'en affranchir. L'idée d'un droit public applicable à l'universalité de la société humaine était entièrement étrangère à l'ancien monde : le droit public moderne trouve son application à toutes les nations du monde chrétien. L'esprit de cette grande association consiste en ce que tous se réunissent contre celui qui veut

s'en affranchir, parce qu'il veut en violer les
lois.

Cherchons à faire à notre époque l'application
des principes que nous venons d'exposer.

Que se passe-t-il sous nos yeux? Y a-t-il quelqu'un qui puisse dire que les événements que nous
voyons se dérouler devant nous soient le résultat
de lois d'ordre et de justice? Les malheurs dont
la grande communauté européenne est menacée,
ou plutôt ceux qu'elle a déjà subis, ne sont-ils pas
la preuve que les grandes lois qui doivent maintenir l'ordre et la justice parmi les hommes ont
été transgressées? Quelqu'un pourrait-il penser
que la justice et la vérité auraient pu produire le
désordre qui a surgi tout à coup de la manière la
plus inattendue et qui, pris au dépourvu comme
nous le sommes, nous menace d'un bouleverse-
ment général?

On entend dire aujourd'hui que la crise actuelle est incompréhensible. Les hommes de
haute intelligence le disent, comme le disent aussi
les hommes qui n'ont que du bon sens. S'il en est
ainsi, n'est-ce pas la preuve que le monde moral
est troublé, car l'esprit de l'homme n'a que la fa-

culté de comprendre l'ordre; il le comprend et
l'admire sans qu'il lui soit nécessaire d'en chercher les causes. Il n'en est pas ainsi du désordre ;
il ne le comprend pas et cependant il doit travailler à trouver les causes qui le produisent s'il
veut en faire cesser les dangers.

Pour rendre la recherche que nous voulons entreprendre plus facile, il nous paraît devoir effacer
les individualités et rattacher chacune d'elles au
corps de nation dont elle fait partie. Sans donc
parler ni des Russes, ni des Anglais, ni des Turcs,
ni des souverains, ni de tel ou tel homme d'État,
groupons les hommes comme nous venons de
l'indiquer. Disons qu'il y a des États qui se sont
trompés de bonne foi sur la nature de leur droit;
d'autres qui ont cherché à déguiser leur ambition
sous la forme d'un droit qui pouvait leur être contesté; d'autres qui se sont trompés sur la véritable
valeur des intérêts qu'ils se sentaient appelés à
défendre parce qu'ils les croyaient menacés ; d'autres enfin qui, sans se tromper ni sur leur véritable position, ni sur les dangers qu'ils avaient à
courir, se sont trompés dans le choix des moyens
qu'ils devaient employer pour se protéger et se
défendre.

Il faut bien admettre des erreurs de conscience, de calcul, ou le trouble d'esprits désorientés par tout ce qu'il y avait de faux dans les positions, pour comprendre à la fois la confusion des faits comme celle des négociations. Ce qui rendit ce grand drame plus inexplicable encore, ce fut que des acteurs compromis par leurs fautes mirent sur le compte de circonstances malencontreuses, ou simplement fortuites, le désordre qui ressort naturellement d'affaires mal conduites ou mal jugées.

Un fait inattendu s'élève toutefois au-dessus de tous les autres, de manière à les dominer tous; il est d'une nature tellement extraordinaire qu'il faut rechercher avec soin les causes qui ont pu le produire. Cette première explication jetterait de la lumière sur tous les bas-fonds de cette grande question.

L'expérience de l'histoire a prouvé plus d'une fois combien sont difficiles les coalitions de tous contre un seul; il faut, pour les amener, une longue série de guerres injustes, d'agrandissements successifs érigés dans un système de conquête et d'asservissement qui menace la sûreté et la liberté générales. Le même danger finit alors par donner la conviction que l'union de tous peut seule produire une force de répression capable de rétablir les droits de tous.

Nous voyons, dans ce moment, la Russie entièrement isolée. Tout le monde n'est pas encore contre elle, mais personne n'est pour elle; ce n'est pas encore une coalition, car l'union n'existe pas encore au même titre pour tous; il y a des réserves et des différences d'intérêt qui rendent aussi les positions différentes, mais c'est une sorte de citation par-devant le ban de l'opinion publique. Le cabinet de Saint-Pétersbourg a trouvé cette manière de procéder inconvenable et blessante. Quoique de forme insolite, elle était cependant une sorte d'hommage rendu à la puissance de l'empereur de Russie : s'il était moins fort, les positions prises contre lui ne seraient-elles pas plus fortement dessinées? On regrette l'usage qu'il fait de sa force, ses alliés les plus intimes déplorent ne pouvoir le soutenir de leur approbation, même ceux de ses anciens amis envers lesquels la Russie n'a pas eu de torts directs, n'osent plus être en contact avec elle. C'est comme un mur de séparation qui tout à coup se serait élevé autour de l'empire. D'où peut provenir ce phénomène si imprévu, si extraordinaire ?

Il a fallu nécessairement des causes différentes pour le produire; il a fallu l'existence de causes morales qui ont dû être de diverse nature pour amener contre la Russie la réunion d'hommes d'État souvent d'opinions opposées et de classes d'hommes de positions différentes. Des intérêts de principe ont fait une alliance ouverte, des intérêts matériels se sont ligués sans avoir, tous, été explicitement avoués, car l'égoïsme qui est inséparable des intérêts matériels n'est jamais sans avoir des arrière-pensées qu'il ne manifeste pas; le plus souvent les intérêts qui lui tiennent le plus à cœur sont précisément ceux dont il parle le moins; il craindrait, en les faisant connaître, de leur créer d'autres contradicteurs.

L'Angleterre a depuis longtemps publié son programme politique : la similitude des principes forme la base de ses alliances; cependant son allié d'aujourd'hui le plus intime, celui dont elle se vante le plus, qu'elle flatte et caresse le plus, professe le plus hautement possible des principes entièrement opposés aux siens : d'un autre côté, l'Angleterre, pour voiler les intérêts qu'elle veut défendre, simule de fausses inquiétudes sur des points où elle n'a rien à craindre.

Toutes ces contradictions s'expliquent quand on voit la persévérance que l'Angleterre et la France ont mise depuis l'année 1830 à briser le système politique qui s'était établi en Europe depuis 1814; on n'en veut plus, même au prix d'une paix de trente-trois ans que ce système avait maintenue. Le cri d'aujourd'hui, c'est : la guerre avant tout.

Si l'opposition déclarée et la persévérance active que les deux puissances occidentales ont mises à combattre ce système ont préparé la situation actuelle, la Russie, de son côté, a contribué à le rendre, pour ainsi dire, inévitable.

La Russie, encouragée par les nombreux succès qu'elle avait obtenus par l'influence prépondérante qu'elle avait acquise, avait fini par se mettre trop à l'aise dans ce système; elle conduisait sa politique dans un esprit de trop grande indépendance.

Plus un pays est grand, plus aussi ses rapports

sont multipliés, plus ils exigent de prudence et de
ménagements. La puissance impose des devoirs ;
elle n'affranchit ni des règles ni des égards : le
seul homme libre est celui qui est indépendant de
position, qui n'a besoin de personne et qui ne
demande rien à personne. La puissance souve-
raine a nécessairement besoin de cette multiplicité de liens qui composent l'organisation des États
et leurs rapports réciproques ; en un mot, la puissance, pour être durable, a besoin de l'assentiment des autres ; plus cet assentiment sera général, plus aussi sera-t-elle grande. La puissance ne
peut jamais être un acte de propre volonté ; elle
ne peut, au contraire, exister et se soutenir qu'en
parvenant à ajouter d'autres volontés à la sienne.
C'est un travail incessant, plein de soins et qui
exige toujours de la mesure.

Cependant les motifs de l'opposition générale
qui se manifeste contre la Russie sont pour chacun des opposants si différents les uns des autres,
que ce fait doit avoir une cause plus profonde
qu'on ne croit généralement. Ce n'est pas une
affaire spéciale comme celle de l'Orient, qui
aurait pu la produire. Il y a donc dans cette situation quelque chose qu'il serait difficile de com-

prendre si l'on ne sortait pas des intérêts secon-
daires, et pour ce faire, il faut pour un moment
sortir de l'Orient et rentrer en Europe ; car c'est
en Europe qu'existe le motif de la rupture. L'O-
rient n'a fait que prêter son sol à une lutte qui
n'est pas la sienne ; n'en sera-t-il pas la victime ,
comme l'Espagne a été la victime d'avoir livré le
sien à cette guerre qui a été décorée du titre glo-
rieux de guerre d'indépendance, tandis qu'elle a
coûté à l'Espagne la possession de tout un monde
et qu'elle a fini par tomber dans la dépendance
d'un double mouvement d'oscillation étrangère
qui depuis cette époque n'a pas encore cessé.

Les recherches historiques et les nombreux do-
cuments qui se publient sur la série des événements qui ont eu lieu depuis l'année 1814, ont
prouvé que depuis le moment où le gouvernement anglais fut obligé, par l'opinion qui parvint
au pouvoir, de se séparer de la grande alliance
continentale, cette séparation produisit deux
forces différentes qui dès ce moment se mirent en
antagonisme permanent ; cet antagonisme est
devenu la cause parfois secrète ou patente qui a
conduit l'Europe à la situation dans laquelle elle
se trouve aujourd'hui, et quoique ce soit unique-

ment de cette situation que nous voulons parler, il faut cependant indiquer quelle en a été la filiation.

Napoléon, en mettant la gloire militaire à la place de la liberté, avait comprimé l'esprit révolutionnaire au point de lui couper la parole; cet esprit se taisait sans avoir renoncé à aucun de ses projets. Ce fut pour combattre ce double despotisme que l'Angleterre s'était mise à la tête de la grande alliance du continent.

La chute de Napoléon amena deux réactions : celle des puissances pour prévenir le retour d'un système de conquêtes dont elles venaient de triompher, celle des peuples pour reconquérir la liberté plutôt suspendue que détruite par Napoléon; on la vit, en effet, quand il s'éteignit, reprendre à la fois et partout toutes ses anciennes allures. La Restauration ne tarda pas à sombrer sous ses nombreux efforts; l'expédition d'Alger marqua le moment de son naufrage. La France rentra, avec Louis-Philippe, dans un cycle de nouvelles révolutions.

Les trois puissances continentales se trouvèrent de fait liguées contre cette nouvelle tendance comme elles l'avaient été contre Napoléon. L'Angleterre, au contraire, reprit son ancien rôle de favoriser tous les élans de liberté : c'est à la fois chez elle conscience des principes et calcul d'intérêts.

Cet esprit de révolution excité par deux grands pays, comme la France et l'Angleterre, qui marchèrent de conserve sous pavillon constitutionnel pendant toute l'époque du règne de Louis-Philippe, finit par aboutir au soulèvement général de l'année 1848.

La Russie, placée en dehors de ce mouvement par sa position géographique et préservée du contact par des mesures de répression qu'elle n'avait jamais cessé de mettre en exercice, vint au secours de ses deux alliés : en Autriche avec son armée, en Prusse par l'appui moral de sa puissance.

L'Autriche n'avait pas attendu son secours pour combattre ; elle avait, seule, triomphé de ses ennemis extérieurs et assoupi la révolte dans la plus grande partie de son empire. L'empereur de

Russie vint achever la défaite de l'insurrection par la coopération de son armée en Hongrie.

Mais c'est après cet événement considérable que la Russie a commencé à se tromper sur la nature des faits. La révolte des peuples à main armée a été comprimée, les parlements insurrectionnels ont été défaits ; mais la révolution loin d'avoir été vaincue, n'a été que régularisée ; son œuvre subsiste et s'élabore chaque jour davantage. Ce travail est devenu une nécessité absolue : car il y a des choses qui, une fois détruites, ne peuvent pas se rétablir. Par exemple, l'affranchissement du sol en Autriche, devenu une nécessité du siècle, est, à lui tout seul, une révolution complète.

Il y a eu révolution en Autriche parce que le gouvernement avait manqué de ce mouvement progressif que la modification successive des mœurs et de nouveaux besoins avaient forcément imprimé à l'administration ; le gouvernement, resté en arrière, s'en trouvait pour ainsi dire séparé. Ce qui se fait en Autriche dans ce moment c'est de remettre le gouvernement à la tête de l'administration et de rétablir l'accord des maximes de l'État avec les nouvelles mœurs et les nouveaux besoins. Ce travail n'est plus une révolution, car il y a partout obéissance et fidélité, mais c'est une transformation que toutes les provinces autrichiennes doivent subir.

Au milieu de ces chances si diverses qui ont agité l'Autriche, la Hongrie, d'après ses formes constitutionnelles, a fait une révolution légale; cette révolution n'avait pas été le but de son insurrection puisqu'elle l'a précédée; mais elle était un moyen qui devait amener sa séparation d'avec l'empire d'Autriche. Le travail qui se fait en Hongrie est le même que celui qui se fait dans les autres parties de l'empire : il s'agit d'y régulariser le nouvel état de choses que la révolution hongroise a substitué à l'ancien.

Le phénomène le plus singulier des révoltes en Autriche, c'est que le royaume Lombard–Vénitien n'a été nullement révolutionné, parce que sa révolte n'avait rien de social; elle n'était que politique : le royaume Lombard-Vénitien voulait se séparer de l'empire d'Autriche pour se réunir, *tel qu'il était,* à d'autres fractions de l'Italie.

C'est au milieu de ces travaux si difficiles, si pénibles, c'est à la suite d'un événement d'une nature si douloureuse que nous ne voulons articuler l'horrible mot qui devrait le caractériser, que la Russie vint demander à l'Autriche de s'associer à une entreprise politique qui eût exigé, pour y suffire, l'état le plus robuste, l'organisation intérieure la mieux réglée, et les finances les plus prospères. Sans entrer dans une discussion sur le caractère de l'entreprise, l'Autriche pouvait se borner à dire les raisons nombreuses qui lui faisaient une loi de ne s'occuper que d'elle-même. Ne devaient-elles pas suffire ? Ne devait on pas avoir égard en Russie aux difficultés infinies de la situation dans laquelle se trouvait placée une ancienne alliée ? Il n'en fut pas ainsi : la Russie, pour toute réponse, donna cours à ses projets sans tenir compte ni des nouveaux embarras qui en résulteraient pour l'Autriche, ni de la considération que les deux empires, naguère encore alliés, se trouveraient nécessairement entraînés à suivre deux lignes différentes.

Ce qui avait rendu impopulaire l'alliance des trois puissances continentales, réunies alors dans la plénitude de leur force pour réprimer, chez

elles comme autour d'elles, tous les ferments révolutionnaires, retombe exclusivement aujour-
d'hui sur le seul empire de Russie, qui se constitue et se déclare être le seul pays qui puisse encore
lutter contre la révolution et qui luttera, parce qu'il.
le peut, malgré son isolement.

La position isolée que prend le gouvernement
russe, sans paraître en redouter d'aucune manière
les conséquences pour son empire, prouve qu'il
possède à un haut degré le sentiment de sa force
sur le terrain matériel, comme l'homme moral
puise son courage dans le sentiment d'une bonne
conscience. La Russie toute seule marche la tête
aussi haute, plus haute peut-être même, que
l'Europe ne peut la porter elle-même. Une force
unitaire est en effet de nature à donner plus de
confiance qu'on ne peut en avoir dans une force,
résultante de l'union de parties nombreuses plus
ou moins faiblement assorties entre elles.

Si les soins que prennent ceux qui veulent combattre la Russie de grossir leur nombre, prouvent
qu'ils ont le sentiment de la force de cet empire,
et si l'appréciation de cette force devient une
suite obligée de leur résolution, nous qui ne

voudrions jamais être au nombre de ceux qui veulent la combattre les armes à la main, nous avons cependant aussi de puissants motifs pour nous livrer au même travail d'appréciation.

L'empereur Alexandre, après avoir eu la jouissance d'entrer à Paris comme l'Agamemnon de la coalition contre Napoléon, se fit dès lors le protecteur des libertés publiques que demandait la nouvelle Europe affranchie; il s'opposa ouvertement à ce que l'esprit des restaurations avait de trop suranné. On applaudissait à la force qui se montrait si généreuse.

Les excès d'une liberté, qui avait été trop durement enchaînée pour être sage, ne tardèrent cependant pas à faire naître d'autres dangers.

La comparaison de la politique que le cabinet de Russie avait suivie au congrès de Vienne, en 1814, avec celle que ce même cabinet suivit depuis le congrès de Troppau, en 1820, prouve l'évolution morale que cette époque de six années produisit dans les idées de l'empereur Alexandre.

En changeant de rôle, il fallait que la Russie,

pour ne rien perdre de son influence, donnât à la nouvelle direction qu'elle prenait une importance aussi grande que celle de la politique qu'elle quittait. Après avoir été le protecteur des peuples, l'empereur Alexandre devint l'allié des souverains et le défenseur des gouvernements attaqués par la révolte.

Tous les hommes d'État avaient senti, après le congrès de Vienne, la nécessité de mettre des bornes à un ascendant que la guerre avait rendu nécessaire et que presque tout le monde alors s'était empressé de grandir ; mais la paix générale rétablie, cet ascendant devint un danger. Les cabinets firent donc à la Russie la représentation que la grande armée qu'elle continuait à tenir sous les armes empêchait la sûreté générale de renaître ; que toutes les puissances voulaient désarmer, car c'était pour elles le seul moyen d'alléger le lourd fardeau des prestations d'argent que les longues guerres avaient imposées à tous les peuples ; mais qu'aucun pays ne pouvait parvenir à jouir de ce bienfait aussi longtemps que la Russie tiendrait sous les armes, et pour ainsi dire réunie à ses frontières, la grande armée qu'elle avait mise sur pied pour combattre Napoléon.

La Russie répondit qu'il lui était impossible de donner à son système militaire une base égale à celle du système des autres États; que sa position était entièrement différente; que la vaste étendue de son empire exigeait un espace de temps bien plus long que dans les autres pays pour mettre une armée sur pied; que la Russie se placerait évidemment dans une situation d'infériorité nuisible à sa politique et dangereuse même pour sa sûreté, si son organisation militaire devait être sur la même échelle que celle des autres États européens.

En faisant la part de ce qu'il y a de vrai dans ces observations, les cabinets étrangers eussent pu trouver des motifs de se tranquilliser si le langage politique du cabinet russe n'eût pas pris le caractère prépondérant que peut seul donner le sentiment d'une supériorité assez fortement établie pour que personne ne puisse la mettre en doute. C'était pour en mitiger les effets et pour la faire accepter par l'opinion publique que l'empereur Alexandre avait, selon les circonstances, toujours cherché à la montrer dévouée à la défense d'un intérêt général.

Ce fut ce changement de rôle successif qui suscita à l'empereur Alexandre les embarras très-graves dans lesquels la révolution grecque vint placer la Russie.

Pour ne rien perdre de son ancienne influence en Orient, et cependant pour ne pas paraître protéger la cause du principe révolutionnaire que l'on avait ajoutée à la révolte des Grecs, afin d'augmenter en Europe le nombre de ses partisans, le gouvernement russe se vit dans la nécessité de déclarer la guerre aux Turcs et de lui donner le caractère de toutes ses anciennes guerres avec l'empire ottoman ; elle devait paraître n'avoir d'autre cause que d'anciens engagements, ou violés ou non remplis par les Turcs. Cette situation simplifiée et conforme à l'esprit du peuple russe, laissa un libre cours à l'action de la Russie, tandis que ce qu'il y avait de mixte dans les autres positions paralysa toutes les oppositions qu'on eût voulu lui faire.

La Russie conserva sa popularité religieuse chez les Grecs. Cette guerre la détacha entièrement de la politique libérale des puissances de l'Occident.

La révolte de la Pologne vint clore cette époque pour en commencer une nouvelle.

Cette révolte justifia aux yeux du peuple russe la nouvelle ligne politique qu'avait adoptée le gouvernement ; elle resserra enfin son alliance avec les puissances qui défendaient encore le principe monarchique. Depuis cette époque le gouvernement russe ne changea plus de système.

La destruction de l'adversaire le plus dangereux que la Russie eût eu jamais à combattre avait donné à tout le pays la conscience de n'avoir plus rien à craindre de personne. Mais ce degré de sûreté n'autorisait-il pas aussi le pays à espérer la diminution des charges qu'exigeait une aussi grande armée que celle qui existait. Il était impossible de continuer à imposer à un grand pays l'entretien d'un système militaire aussi considérable que le nouveau système russe, quand aucun danger ne le menaçait, sans lui montrer la nécessité de se dévouer à une grande cause et sans lui assurer en échange la certitude d'une gloire d'autant plus grande qu'elle était désintéressée.

Il faut retracer en peu de mots la position de la Russie après que la révolte de la Pologne de l'année 1830 eut été vaincue et le pays entièrement désarmé, si l'on veut se faire une idée plus

juste des raisons qui firent donner à l'organisation
militaire de la Russie un développement encore
plus grand et plus fort que celui qu'elle avait eu
avant.

Les résultats de l'insurrection polonaise agirent
simultanément sur l'Europe et sur la Russie.

Le congrès de Vienne, en consentant à l'érec-
tion du royaume de Pologne, avait cru trouver,
dans l'établissement de ce nouvel État, une espèce de barrière contre la puissance russe : barrière que l'imagination polonaise dépeignait
comme devoir grandir et se fortifier avec le temps.
Lors de la destruction de cet État, dont le nom
seul fut conservé, tandis que les Polonais qui en
constituaient la seule et unique force furent bien
plus réunis à la Russie qu'ils ne l'avaient jamais
été auparavant, l'Europe fut effrayée de l'idée
que le corps politique qu'elle avait voulu opposer
à la Russie devenait, au contraire, l'accroisse-
ment le plus considérable qui eût été dans les
derniers temps ajouté à sa puissance.

La victoire que la Russie avait remportée sur
cet ennemi n'avait cependant pas été facile; cette

lutte avait été accompagnée en Europe d'un mouvement d'opinion publique qui fit pressentir à la
cour de Russie et à toute la Russie elle-même que
l'idée d'une coalition contre elle pouvait, dans
de certaines circonstances impossibles à prévoir
d'avance, être admise comme une chance de l'a-
venir contre laquelle elle devait se préparer.

Le complément de l'organisation militaire russe
dont nous dirons quelques mots plus bas, date
de cette époque; il augmenta l'inquiétude de
l'Europe de manière que, de ces champs de bataille polonais, s'élevaient les deux grandes figures
de l'Europe, d'un côté, et de la Russie de l'autre, s'inspirant réciproquement une crainte aussi
peu clairvoyante que l'est ordinairement la crainte
quand on ne sait pas encore bien se rendre
compte à soi-même de ce que l'on craint. Ce sentiment indéfini devait conduire à l'inexplicable
conflit dans lequel toutes les deux se trouvent en-
gagées aujourd'hui.

La Russie avait, pendant cette guerre, senti la
gravité des dangers qu'elle avait courus. Toujours
alerte quand il s'agit de soigner ses intérêts et sa
sûreté, elle ne tarda pas à s'occuper d'élever un

système de places fortes sur la Vistule et sur des lignes en arrière de ce fleuve, et d'assigner à plusieurs corps de son armée active des positions fixes combinées avec les points fortifiés. Le double avantage de cette nouvelle création fut de s'assurer l'obéissance des provinces polonaises et d'en imposer aux voisins.

Ces résultats sont importants, sans doute; ils suffiraient seuls, pour faire de la révolution de Pologne un des événements les plus considérables de notre époque; car c'est elle qui consolide la position avancée que la Russie avait prise envers l'Europe.

Il en est d'autres d'une plus grande importance encore et qui, cependant, n'ont pas été saisis. Nous croyons d'autant plus utile de nous en occuper aujourd'hui qu'ils se rattachent directement à la crise actuelle; car la révolution de Pologne a conduit la Russie à faire naître, sur un terrain qui appartient déjà à l'Europe centrale, une question semblable à celle pour laquelle l'Europe s'est mise sous les armes en Orient.

En même temps que la guerre qu'avait amenée

la révolution du nouveau royaume de Pologne
avait mis les puissances occidentales et l'opinion
publique d'une grande partie de l'Europe en opposition ouverte contre la Russie, cet événement
avait ramené la Russie à l'alliance de l'Autriche
dont les affaires de Grèce et de Turquie l'avaient
éloignée.

L'alliance des trois cours continentales paraissait devoir devenir plus intime qu'elle ne l'avait
été avant cette époque. En effet, il n'existait plus,
entre les deux cabinets de Vienne et de Saint-Pétersbourg, aucun point de divergence quant à la
politique générale. L'utilité de l'alliance n'était
plus mise en doute ; l'union seule pouvait garantir des dangers qu'amèneraient les nouvelles révolutions qui se préparaient. Et cependant, à
peine deux ou trois années s'étaient-elles écou-
lées, qu'un sentiment de malaise dont à Vienne
on se refusait à se rendre raison, se faisait sentir
comme un avertissement qu'il y avait quelque
chose qui était de nature à troubler cette union.

Que s'était-il donc passé ? Il fallait que cette
cause, à peine pressentie, fût déjà bien puissante,
puisqu'elle était supérieure à la volonté des deux

cours impériales, indépendante de l'action des
deux cabinets. Il devenait, dans une pareille situation, d'une urgente nécessité de se livrer avec
une égale et réciproque impartialité à la recherche de cette cause.

C'est ce qui n'eut pas lieu. Il y a quelquefois
des dangers que l'on craindrait d'augmenter en s'en
occupant. C'est ainsi qu'on se met à l'abri d'un
orage en attendant qu'il passe; on est sûr qu'il
passera. Mais il y avait ici plus grave matière à
prendre en considération.

Puisque le système politique des deux cours
impériales envers l'Europe ne montrait aucune
divergence, que l'action des deux cabinets mar-
chait d'accord et du même pas, une cause de dés-
union ne pouvait avoir été produite que par deux
principes opposés, appliqués à des relations d'une
nature pour ainsi dire intérieure et commune aux
deux empires : situation mixte, difficile, qui, pour
ne pas devenir un véritable sujet d'inévitable dis-
corde, exigeait autant de lumière que de prudence.

Le partage de la Pologne avait créé cette situa-

tion mixte, et quoique le partage, souvent
ébranlé, eût été maintenu, bien que dans d'autres
proportions, cette situation n'était pas restée la
même que les traités l'avaient faite.

La voix du cabinet de Vienne n'avait jamais pu
être, sous le rapport de la Pologne, suspecte à
celui de Saint-Pétersbourg. On ne pouvait pas y
avoir oublié, qu'après la prise de Varsovie, la
France et l'Angleterre contestaient à la Russie le
droit de changer la forme du gouvernement que
l'empereur Alexandre avait octroyé au royaume
de Pologne. Ce fut le cabinet de Vienne qui sou-
tint le droit qu'avait la Russie de le faire ; les Polonais avaient eux-mêmes déchiré le pacte qui
leur avait été donné ; ils n'avaient donc plus le
droit d'en réclamer la jouissance, ils avaient fait
la guerre, ils avaient été vaincus. Le gouvernement russe avait donc un titre de plus pour donner librement au royaume l'organisation qui lui
en garantirait le mieux la tranquille possession.
Mais le droit de reprendre ne pouvait pas dépasser les limites de ce que l'empereur avait eu le
droit d'accorder. Aussi, le titre que le cabinet de
Vienne reconnaissait au gouvernement russe, en
faveur duquel il n'avait pas hésité à se déclarer

hautement, était un droit politique, gouverne-
mental, et non pas un droit de souveraineté nationale. L'Autriche n'entendait pas mettre le peuple russe à la place du peuple polonais.

La Pologne avait de trop vastes territoires pour
ne pas exercer, même après sa chute, une influence constante sur les destinées de la Russie.
Malgré tout ce qui a été dit et redit sur cette matière, il y a cependant encore des points de vue,
et ce sont les plus essentiels qui n'ont pas été mis
en lumière.

La conduite que la Russie a tenue envers la Pologne depuis que sa chute a été consommée présente de tels contrastes, qu'il devait nécessairement en resulter pour elle les embarras les plus
compliqués. La force conserve toujours le dessus,
mais elle ne peut cependant jamais échapper aux
conséquences de ce qu'elle fait. Sous ce rapport,
elle n'a pas plus d'avantages que la faiblesse.

Les relations internationales ordinaires entre
les États limitrophes n'étaient pas les seules qui
existassent entre l'Autriche, la Prusse et la Russie.
Il y avait entre ces trois États un rapport plus in-

time, plus compliqué, et d'une nature entièrement exceptionnelle. Le partage de la Pologne avait créé ce rapport. Dire que 20 millions de Polonais étaient devenus sujets des trois puissances, *au même titre et sous les mêmes conditions*, c'est dire aussi la nature et l'importance de ce rapport.

Le titre de possession, longtemps contesté, avait enfin obtenu la sanction de l'Europe par l'acte du congrès de Vienne dans lequel sont enregistrés, comme parties intégrantes du droit public européen, les traités signés les 21 avril et 3 mai 1815,

1° Entre la Russie et l'Autriche;

2° Entre la Russie et la Prusse.

C'était un nouveau partage convenu entre les trois puissances copartageantes, fait dans d'autres proportions, et par lequel la Russie s'était fait la part du lion, mais conclu sous la garantie de l'Europe rassemblée au congrès.

La manière dont ces transactions avaient été négociées et conclues prouvait qu'elles étaient

d'une nature particulière, qu'elles composaient,
dans leur ensemble, comme une espèce de fragment de droit public, resserré entre les trois puissances ; ce qui constituait entre elles un lien plus
intime, plus obligatoire qui devait devenir et rester par ce fait la base inébranlable de leur alliance
politique.

L'attention de l'Europe avait été éveillée d'une
manière peu favorable à la Russie par l'empres-
sement qu'avait mis l'empereur Alexandre à profiter de toutes les chances de la grande politique,
pour augmenter peu à peu sa part du partage de
la Pologne au détriment de ses anciens alliés co-
partageants. Les Polonais, de leur côté, travail-
laient à la réunion de toute l'ancienne Pologne
sous la domination d'un seul maître, quel qu'il
fût ; le plus puissant leur paraissait le meil-
leur. C'était le seul moyen qui leur restât d'an-
nuler le partage. Ce fut cette tendance qui ne se
déguisait pas et qu'avait favorisée la conduite de
la Russie qui détermina la résistance du congrès à la formation du royaume de Pologne.
On eût, dans l'intérêt général, préféré rétablir
l'ancien partage ; il eût tenu les puissances plus
en équilibre.

Les anciens traités entre la Pologne et la Russie n'avaient, en matière religieuse, rien laissé à l'arbitraire d'aucune des deux parties contractantes. Toutes ces conditions des anciens traités furent rappelées dans celui de 1768, qui stipulait dans le plus grand détail les droits respectifs des différentes confessions, et réglait les exclusions comme les droits.

Les traités de l'année 1773, qui furent conclus après le premier partage de 1772 entre la république de Pologne et chacune des puissances copartageantes, avaient confirmé tous les traités antérieurs. *Ce fut un principe de solidarité et de garantie réciproque qui servit alors de base au partage. En brisant l'existence politique de la Pologne et en effaçant ce nom de la liste des États, les trois puissances se sentaient d'autant plus obligées à maintenir tous les anciens droits des Polonais en matière de religion et de législation, tous les droits enfin qui n'avaient pas le caractère politique.*

Ce n'avait donc pas été et ce ne pouvait pas être en faveur de l'ancienne république de Pologne que les trois puissances prirent les unes envers

les autres l'engagement réciproque de conserver
le *statu quo* des différentes communions dans le
libre exercice de leur culte et discipline avec tout
ce qu'elles possédaient au moment de leur passage sous une nouvelle domination.

Il n'existe aucune transaction politique qui ait
aboli, en quoi que ce soit, les traités qui ont pré-
cédé, accompagné et suivi le premier partage. Les
traités consignés dans l'acte du congrès de Vienne
n'ont rien stipulé en matière de religion; le nom
de religion n'y est pas écrit une seule fois. Tout
ce qui avait été fait antérieurement sur cette matière continuait donc à exister de droit. Les actes
du congrès de Vienne en fournissent la preuve la
plus indubitable; cette preuve n'est d'ailleurs que
la confirmation de l'ancien droit public. Les changements, qu'on pourrait appeler bouleversements,
qu'eut à subir l'Allemagne dans les rapports de
souveraineté territoriale, avaient pour inévitable
conséquence de faire passer de nombreuses populations catholiques sous la domination protes-
tante, et d'autres populations protestantes sous
la domination catholique. Dans aucun des traités
conclus à cet effet, il n'existe de stipulation en matière religieuse. Il y avait d'anciens traités qui ré-

glaient tous les rapports des catholiques et des protestants, les droits du prince comme ceux des deux Églises. Le silence gardé sur cette matière par le congrès de Vienne avait été regardé comme la confirmation de tous ces traités. Ils sont restés la base fixe des nouveaux règlements que tant de convulsions politiques pouvaient avoir rendus nécessaires.

Les traités de Vienne avaient donné à la Russie le droit d'apporter une seule modification aux anciens traités, celle de pouvoir accorder aux habitants des anciennes provinces polonaises qui lui appartenaient de plus grands avantages que ceux stipulés en leur faveur par les traités de partage.

Supprimer tous ces traités, comme la Russie l'a fait depuis, c'était agir par droit de conquête; or, la Russie n'avait pas ce droit. Elle ne possède sa part des anciens territoires polonais qu'au même titre que l'Autriche et la Prusse possède les leurs, en vertu des traités de partage et sous les conditions stipulées par ces traités.

La révolte du royaume de Pologne contre l'empereur de Russie ne pouvait pas dégager ce sou-

verain des engagements politiques qui le liaient
d'une manière si étroite envers d'autres États.
Les Polonais qui avaient pris les armes contre la
Russie étaient des rebelles ; la Russie n'avait d'autre droit à exercer contre eux que de les juger.
Elle n'avait pas le droit de les traiter comme un
peuple conquis, auquel le vainqueur peut enlever
tout ce qu'il veut, car ils ne formaient plus un
corps de nation. La Russie s'est trompée sur la
nature de son droit. En mettant le peuple russe
et son Église à la place des Polonais et de l'Église
catholique, elle a cessé d'avoir des obligations qui
lui eussent été communes avec l'Autriche ; elle a
déchiré *ce fragment du droit public exceptionnel*
qui était une garantie de plus en faveur de l'alliance politique des deux cours impériales.

Ce ne sont ni les intrigues politiques qui ne
cessaient de travailler contre l'alliance des trois
puissances continentales, ni même les révolutions
qui sont parvenues à rompre cette alliance : c'est
la Russie elle-même qui, de ses propres mains,
l'a dissoute et qui en rendrait le rétablissement
impossible, si elle continuait à vouloir rester dans
la nouvelle position d'isolement qu'elle a prise en
Pologne, et si elle voulait maintenir à tout prix la

position exceptionnelle et privilégiée qu'elle s'est faite en Orient[1].

La Russie regrettera-t-elle les liens qu'elle a rompus? ou bien, le plan qu'elle se propose a-t-il

1. Cette double position se trouve strictement définie, quant à la Pologne, par la législation criminelle en matière de religion dont les dernières dispositions, qui datent de l'année 1840, ont été insérées dans le code criminel : quant à la Turquie, par les derniers manifestes dans lesquels, pour répondre à la déclaration de guerre que venait de faire la Turquie, de caractère entièrement politique, Sa Majesté Impériale de Russie déclarait que la guerre que l'empire de Russie allait soutenir contre les Turs était une guerre de religion, c'est-à-dire contre l'islamisme. La défense de Silistrie en a montré l'inévitable résultat; ce sont des Égyptiens, des Arabes et des Albanais, trois races étrangères à la race turque, qui ont été l'âme de cette défense. Jamais les Égyptiens et les Arabes ne seraient venus en Europe, au moins jamais si fortement excités, si la guerre n'eût pas été déclarée à l'islamisme. Et pourquoi l'a-t-elle été? Parce qu'il n'y avait aucun autre motif pour que le peuple russe se levât, pour ainsi dire en masse pour faire la guerre à la Turquie. Le motif politique, à lui seul, était trop faible pour lui demander autant de sacrifices et de dévouement. Quant à la Pologne, l'orthodoxie a élevé législativement un mur de séparation qui n'existait pas du temps de l'impératrice Catherine, alors que tous les anciens traités et capitulations consentis par la Russie étaient encore en vigueur. L'orthodoxie est un anachronisme qui vient de haut sans doute, mais qui ne tombe que des nues; il y a des hommes en Russie qui aiment à s'en servir comme d'un parachute.

à ses yeux une si haute valeur qu'elle puisse,
sans regret comme sans inquiétude, lui porter
tous les genres de sacrifices? Quant à nous, nous
marcherons sans découragement vers un avenir
qui pourra livrer d'illustres pages à l'histoire;
mais nous ne cesserons cependant jamais de re-
gretter d'anciennes combinaisons politiques qui
avaient donné de longues années de paix à l'Europe. Cette époque avait montré comment peuvent se mettre d'accord les sentiments et les devoirs de l'homme avec ceux qu'impose la politique.

L'empereur Nicolas a prouvé la haute faculté
d'organisation dont il est doué par la régularité
qu'il a introduite dans presque toutes les branches
de l'administration. Les nombreux établissements
d'éducation qui datent de son règne, placés de
manière à répandre l'instruction dans toutes les
parties de ce vaste empire, sont une preuve que
cette faculté a le caractère qu'elle doit avoir dans
un souverain, et qu'elle sait travailler pour l'avenir. L'organisation donnée au système militaire
russe depuis l'année 1833 mérite d'être plus
particulièrement étudiée, parce qu'elle n'avait pas
le seul point de vue militaire pour objet; les vues
en étaient plus profondes.

Depuis le règne de l'impératrice Catherine, mais plus particulièrement depuis celui de l'empereur Alexandre, l'amélioration du sort des paysans a été la pensée constante du souverain. Leur affranchissement total n'est pas encore possible; ce n'est pas ici le lieu d'en développer les raisons; le fait tel qu'il est nous suffit pour l'objet qui nous occupe.

En vertu d'une loi de l'empire, tout serf qui devient soldat est affranchi; il s'appartient à lui-même dès le jour où, en vertu des lois, il quitte le drapeau. Les anciens règlements militaires imposaient vingt-cinq années de service au soldat (entre vingt et trente ans) : le plus jeune sortait des rangs de l'armée à l'âge de quarante-cinq ans. Après vingt-cinq années d'un service pénible, il était invalide, épuisé, à l'âge où il acquérait sa liberté. Cet état de choses était à la fois dur et vicieux, puisqu'il en résultait une charge permanente pour l'État, sans aucun bénéfice pour celui que l'État avait voulu favoriser. L'empereur Nicolas, toujours occupé de la recherche des moyens de faire du bien à l'ordre des paysans et d'en faire sortir la souche d'un tiers état, conçut l'idée de réduire la durée du service dans l'armée active à dix ou douze ans au lieu de vingt-cinq. Le soldat qui au bout de ce temps de service sort des rangs de l'armée, acquiert sa liberté, mais en restant cependant obligé de faire partie d'une réserve pour un nombre d'années égal au complément des vingt-cinq ans. Cette réserve ne devant être appelée que pour les cas d'urgence, se compose, comme on le voit, d'une véritable élite. Cette classe d'hommes libres, dont un nombre considérable rentre tous les ans dans la population, protégée comme elle ne cesse de l'être par les autorités du gouvernement, doit à la longue former des familles libres qui peuvent avec le temps devenir cette classe intermédiaire qui manque encore totalement en Russie.

La différence qu'il y a entre ce système de réserve fondé en Russie et celui qui existe dans d'autres pays, consiste en ce que le système de réserve a eu partout pour premier objet de diminuer la dépense de l'armée active, en diminuant son nombre, parce que l'État pouvait en cas de besoin appeler sous les armes des soldats formés et congédiés temporairement, tandis qu'en Russie l'armée active n'a été soumise à aucune diminu-

tion et que ce n'est que le renouvellement plus
fréquent des nouvelles levées qui est la base de la
création des réserves. C'est donc une augmentation très-considérable de la force militaire de la
Russie dont on voit déjà aujourd'hui les résultats
importants; car il faut se dire que les bataillons de
réserve sont très-supérieurs à ceux des régiments
parmi lesquels se trouvent un très-grand nombre
de jeunes soldats, qui font un corps moins solide
que ceux dont tous les hommes comptent douze
années de service.

La constitution sociale du peuple russe a contribué à donner la certitude des résultats de ce
système; il n'y a point de pays dans lequel la
révision constante de la population mâle de tout
l'empire se fasse avec autant de soin et d'exactitude qu'en Russie. Ce n'est pas le sol qui donne
la mesure de la richesse, c'est l'homme; ce n'est
pas la surface du sol qui sert d'hypothèque, c'est
le nombre des hommes; toutes les autorités, celles
de l'État, celles des propriétaires du sol et celles
des communes, sont toutes intéressées à tenir les
registres les plus exacts de la population. Aucun
homme ne se perd en Russie, parce que l'homme
représente à la fois le travail et l'argent; le nombre

des paysans est à la fois la mesure des richesses et des obligations.

Il résulte de cet état de choses que les hommes libérés du service actif et qui, libres de leur personne, peuvent se rendre où ils veulent, ne peuvent jamais se soustraire à l'obligation du service de la réserve; ils sont tenus en évidence dans les gouvernements qu'ils habitent avec autant d'exactitude que s'ils étaient encore sous les drapeaux. Dans le chef-lieu de chaque gouvernement, se trouve préparé et déposé tout ce qui est nécessaire pour l'armement et l'équipement complet de ces hommes de réserve. Des officiers sont nommés et destinés pour soigner tous les détails de cette organisation et pour commander les bataillons, quand ils se réunissent.

L'ensemble de ces dispositions forme la base de cette institution et en prouve la solidité.

L'augmentation de la dépense qu'exige la nouvelle organisation militaire donnée à l'armée russe devait, pour plus de la moitié, tomber à la charge de la noblesse. Chaque soldat devant être remplacé au bout de douze ans au lieu de vingt-cinq, il en résultait donc une levée d'hommes plus nombreuse, puisqu'elle était plus fréquente.

La noblesse possède la moitié du nombre de paysans mâles, et la couronne possède l'autre moitié ; la proportion était, il y a vingt ans, environ de 11 millions à 9 millions. A défaut d'un système de crédit, qui n'existera pas en Russie aussi longtemps qu'il n'y aura point de régime hypothécaire, quand un noble se trouve obéré, il engage à la couronne un nombre de ses paysans, comme gage du capital qu'il emprunte. S'il cesse de payer les intérêts dans lesquels est compris l'amortissement de la dette, les paysans engagés sont, après estimation faite, incorporés au domaine ; de cette manière, le nombre de ses paysans augmente successivement ; il doit y avoir aujourd'hui partage égal.

Tout l'état de l'armée devant se renouveler au bout de douze ans au lieu de vingt-cinq, et aucun serf devenu soldat ne devant rentrer dans sa première condition, il en résulte que la noblesse doit, depuis la nouvelle organisation donnée à l'armée, la moitié en sus du nombre d'hommes qu'elle avait à fournir ; c'est donc une augmentation d'imposition considérable, car l'homme en Russie est de l'argent. Cependant la noblesse n'a jamais élevé la voix contre cette nouvelle prétention. On voit, au contraire, que, dans la circonstance actuelle, elle ajoute encore aux hommes qu'elle donne des secours de toute sorte en argent, en vivres, en objets d'équipement, en transport gratis du matériel de l'armée. Il faudrait avoir un esprit fort mal fait pour ne pas sentir ce qu'il y a de noble, de généreux dans cette attitude. Cependant quand les grands mouvements de l'âme doivent avoir de la durée, c'est faire faire une chose simple et naturelle que de chercher la réunion des motifs qui doivent à la fois les susciter et leur donner l'intensité qui les prolonge.

Il est dans le caractère d'une noblesse monarchique de se rendre avec enthousiasme à l'appel du souverain et de se dévouer à la défense de la patrie. Mais quand des sacrifices ne restent pas transitoires, quand ils prennent, au contraire, une forme organique, il faut alors que ces sacrifices, sans rien perdre du caractère honorable de leur primitive spontanéité, soient faits dans l'intérêt d'une position que l'on veut conserver à tout prix.

Quelques lignes suffiront pour mettre cette position en évidence.

Le système politique actuel de l'empire de Russie a pour premier objet d'empêcher l'infiltration des principes qui ont fait les révolutions de l'Europe. Ce système a pour but principal de conserver l'intégrité du pouvoir souverain. Il y a cependant en Russie des conditions qui doivent être transformées. Les principes révolutionnaires rendraient sans doute ces transformations dangereuses, en les précipitant, mais elles n'en restent pas moins inévitables. L'affranchissement des paysans est une de ces transformations que doit subir l'ordre social russe ; ce n'est plus une question de principe, mais une question de temps et de forme. C'est une question de temps : tout le monde est d'accord sur ce point, parce que le temps seul peut donner les moyens d'en trouver la forme. Le faire brusquement, ce serait faire soi-même une autre révolution, peut-être plus dangereuse que celle que l'on veut arrêter aux frontières.

L'empereur Alexandre paraît avoir été plus occupé du côté philanthropique de cette question

que de son côté politique. Il prit cependant une
mesure qui, sans rien froisser ni précipiter, ren-
fermait en elle le principe de l'affranchissement.
Cette mesure était simple, elle ne blessait aucun
droit, elle ne pouvait susciter aucun trouble :
l'empereur Alexandre, en déclarant par une loi
que la couronne ne donnerait plus des paysans et
ne vendrait jamais ceux qui étaient sa propriété,
prononça de fait leur affranchissement; c'est-à-
dire qu'il fit cesser leur servitude. Car par ce fait
seul, les paysans de la couronne furent placés,
vis-à-vis du gouvernement, dans la même position
que le sont ceux des paysans des autres pays qui
ne sont pas propriétaires. La qualité de sujet devenait la même, la forme seule de la sujétion était
différente : elle devait rester, au moins pour quelque temps encore, adaptée aux circonstances qui
sont particulières à la Russie et qui la rendent si
différente des autres pays de l'Europe.

Le second pas à faire dans la voie de l'affranchissement devait être celui de donner aux serfs
libérés la propriété de cette portion du sol que
chacun d'eux avait à cultiver. Cette donation,
de forme facile, n'était pas un sacrifice, car
l'empereur, dans sa qualité de législateur souve-

rain, pouvait fonder sur l'homme devenu libre et sur sa propriété un nouveau système d'impôt qui eût probablement donné à la couronne un revenu plus élevé que celui qu'elle en retirait précédemment. Mais c'est ici que se trouve placé le nœud gordien de cette grande question : la noblesse ne peut pas suivre le gouvernement dans cette voie d'affranchissement ; car en se dessaisissant de la propriété au profit de ses paysans, et n'ayant pas le droit de les imposer, elle n'aurait aucun moyen de trouver l'indemnité que la faculté de lever des impôts garantissait à la couronne.

Cette circonstance arrêta le gouvernement ; il n'aurait pas pu, sans causer la plus dangereuse perturbation, donner à ses paysans un degré de liberté qu'il n'avait pas le droit d'étendre aux paysans des particuliers, et que la noblesse ne pouvait pas donner sans se dépouiller elle-même de toute sa propriété.

Les paysans de la couronne restèrent donc soumis à l'administration du ministère des finances, qui les gouverna comme une branche d'exploitation pour le revenu de l'État, sinon de la même manière, au moins d'après le même droit polititique, selon lequel la noblesse gouverne les siens et en retire ses revenus.

L'empereur Alexandre ouvrit une autre route qui devait conduire lentement par suite d'accords individuels, entre les maîtres et leurs serfs, à créer une classe de paysans libres et propriétaires dont il fallait laisser au temps le soin d'augmenter progressivement le nombre. Il fut réglé que le serf qui se serait enrichi dans les voies du commerce, permises à sa classe, aurait le droit d'acheter sa liberté à un prix convenu. Il ne fallait, pour donner de la vie à ce système, qu'ajouter à ce droit celui d'acquérir des terres libres.

Toutes les dispositions qui depuis lors furent prises furent conçues dans cet ordre d'idées dont le développement est resté une des pensées constantes de l'empereur Nicolas. On fit donc différents essais, comment il serait possible de rendre propriétaires les serfs devenus libres. Cette condition était irrémissible ; car faire des hommes libres, sans leur donner ni la faculté de recevoir des donations de terres, ni celle d'en acquérir par leur industrie, c'eût été créer une classe permanente de prolétaires libres , hommes de la plus dangereuse espèce, comme le sont et comme le seront toujours tous les hommes sans espoir.

La création du ministère des domaines est de l'année 1838. Pour montrer l'importance de ce ministère auquel, en fait d'administration, rien ne peut être comparé dans aucun pays, il suffit de répéter que ce département doit veiller sur l'existence personnelle et sur le bien-être d'une population de 10 millions de serfs mâles, et qui forme, en y comprenant leurs familles, la moitié de la population de tout l'empire.

En face de cette espèce d'empire séparé se trouve placée l'autre moitié de la population qui appartient à la noblesse; ces deux groupes sont de nature semblable; les intérêts sont les mêmes : ce qui ferait du mal à l'un serait également nuisible à l'autre. Mais la différence consiste en ce que le ministère des domaines représente à la fois le maître et le souverain; il n'y a donc qu'une pensée et qu'une main, tandis qu'en face se trouve l'autre moitié administrée par autant de maîtres qu'il y a de propriétaires. Malgré l'inégalité de la

7

position, il y a cependant équilibre entre ces deux masses d'un si grand poids.

A la première vue, cet équilibre paraissait ne pas devoir exister; cependant il existe, et voici comment il se forme.

Si le ministère des domaines pouvait se laisser entraîner à isoler son action et si, par suite de l'activité bureaucratique de son organisation, il prenait des mesures trop hâtives, qui porteraient atteinte, par l'entraînement de l'exemple, aux droits si divisés et, par conséquent, plus faibles des propriétaires nobles, le souverain arrêterait alors son ministère, car le chef de l'État ne doit pas souffrir que l'exercice de sa souveraineté devienne un véhicule de perturbation. Il modère donc lui-même la marche des améliorations afin que la noblesse puisse la suivre; car la paix de l'empire est à cette condition.

Il résulte de cette position que la noblesse, de son côté, a compris combien il lui importait de ne pas rester stationnaire, afin que ses serfs ne soient pas conduits à envier le sort des paysans de la couronne. Il y a donc un mouvement pro-

gressif dans cet équilibre que l'on voit se manifester de toute part en Russie.

Ces courtes indications, si insuffisantes qu'elles
soient en elles-mêmes pour un sujet aussi compliqué qu'il est important, suffiront cependant pour
montrer l'homogénéité qu'il y a entre le souverain, dans sa qualité du plus grand propriétaire
de son empire, puisqu'à ce titre il en possède la
moitié, et la noblesse qui en possède l'autre
moitié.

L'histoire des États montre que des indications,
qui ont été nécessaires, et par conséquent utiles, à une époque, peuvent, en grandissant, devenir, sinon dangereuses, au moins embarras-
santes.

Pierre le Grand, qui voulait forcer les Russes
à servir l'État, employa à cet effet le moyen le
plus simple. Il déclara que ceux qui ne serviraient
pas ne seraient rien, qu'ils perdraient même les
droits et priviléges qu'ils auraient pu tenir de
leur naissance. Parmi les droits qu'il accorda à
ceux qui serviraient soit dans l'armée, soit dans
l'administration, existe celui qu'un nombre déter-

miné d'années de service confère le titre de noblesse héréditaire. Il en est résulté un nombre
considérable et qui augmente toujours, de nobles
de cette classe qui ne possèdent rien, qui briguent
tous les emplois parce qu'ils sont pour eux le
seul moyen de subsistance. Déjà l'impératrice Catherine sentit le besoin de fortifier la position de
l'ancienne noblesse contre les envahissements de
cette noblesse nouvelle. Elle prit donc la résolution de lui donner, comme propriétaire, plus de
consistance politique qu'elle n'en possédait avant.
L'empereur Nicolas a développé ce germe en lui
donnant une organisation plus forte. Il y a, dans
chaque gouvernement, une assemblée de noblesse
dirigée et présidée par un maréchal de la noblesse, éligible et confirmé par l'empereur. Cette
institution n'est pas une lettre morte; cette espèce d'activité se rattache à l'intérêt agricole et
donne à la noblesse un caractère d'aristocratie
qui manquait à la filiation de la noblesse russe.

C'est à dessein que nous nous sommes servis
plus haut de l'expression de noblesse monarchique; nous voulions, par ce mot, marquer la différence qu'il y a entre la noblesse russe et celle
des anciens États européens.

La féodalité n'a jamais existé en Russie; l'existence de la noblesse féodale ne pouvait se comporter avec le développement que prit l'ordre social en Europe : elle devint constitutionnelle; elle forma les nouvelles libertés parlementaires; elle continua à lutter contre le trône au moyen de la parole, comme elle avait toujours lutté les armes à la main. Pareil esprit n'a jamais existé en Russie; l'ordre social s'y développa d'une autre manière, et ce développement rapproche inévitablement et par divers liens la noblesse du trône.

Nous allons citer encore un de ces nouveaux liens qui est entièrement différent de ce qui a existé dans les autres États monarchiques. La plus grande partie de la nouvelle industrie se trouve en Russie dans les mains de la noblesse. Par cette raison la production du sucre indigène qui se rattache directement au sol, lui appartient exclusivement. La plus grande partie de l'industrie cotonnière, de l'industrie métallurgique, la fabrication de la verrerie, sont aussi dans ses mains. Ses serfs sont ses ouvriers; ce n'est pas un système de grandes fabriques, le travail est divisé; la classe ouvrière ne s'agglomère pas dans les

grandes villes, elle vivifie les petites villes et les
campagnes. L'autorité n'a pas besoin de sur-
veiller les rapports qui se compliquent chaque
jour davantage, dans les pays de grande industrie,
entre les maîtres et les ouvriers, afin de les protéger contre ce qui s'appelle aujourd'hui la ty-
rannie du capital. Le propriétaire noble industriel
ménage ses ouvriers parce qu'ils sont à lui et que,
s'il abusait de leurs forces au point de les rendre,
avant le temps, inhabiles au travail, l'obligation
de leur entretien gratuit lui deviendrait une
lourde charge. L'intérêt protége dans ce cas l'humanité.

Ce système industriel rattache la noblesse au
souverain; car le système prohibitif établi par le
gouvernement est une puissante protection pour
ses intérêts.

Ce lien de protection et de dévouement qui
repose, comme nous avons désiré le montrer, sur
une homogénéité de position et sur une conformité
d'intérêts, vient d'être, il y a peu d'années, rendu
plus fort encore par un ukase impérial qui déclare : qu'aucun des changements qui ont été
apportés, ou qui pourraient être encore apportés

par la suite dans l'administration des paysans de
la couronne, n'a eu pour objet de porter une
atteinte quelconque à l'ancienne loi fondamentale
de l'empire qui reconnaît que la noblesse seule a
le droit de posséder la terre.

Vu le mouvement qui a été donné au développement matériel, cette loi qui est sans doute de
nature à ralentir l'émancipation des hommes, n'a
cependant rien qui puisse arrêter les progrès de
l'empire qui sont placés, par la force des situa-
tions, sous l'influence active des classes les plus
avancees d'intelligence et de culture.

Quelque courte que soit cette digression en
la comparant au grave sujet dont elle traite, on
pourrait cependant la trouver trop longue, si
les points par lesquels elle se rattache à l'intention
de cet écrit n'étaient pas mis en saillie.

Nous avons désiré jeter quelque lumière sur
des questions embrouillées par de faux calculs ou
des desseins prémédités.

Le peuple anglais, et quand nous disons le
peuple, nous voulons dire le public, les écrivains

publicistes, meneurs de l'opinion publique, le parlement, les ministres mêmes, tous se sont fait une fausse idée de la situation. L'Angleterre ne pouvait se livrer à la folle entreprise de subjuguer la Russie par la force : on a donc pensé qu'il ne fallait que prolonger la guerre pour séparer le peuple russe de l'empereur et forcer ce souverain à souscrire aux conditions de paix qu'on voudrait lui imposer. Il n'y a aucun doute que les conséquences de la guerre et les sacrifices qu'elle impose à la Russie, sont hors de toute proportion avec la question qui en a été la première cause; c'est un fait que nous ne chercherons jamais à justifier, ni d'un côté ni de l'autre. Ce que nous avons voulu montrer, c'est qu'on s'est grossièrement mépris sur la nature des liens multipliés, intimes et très-exceptionnels qui rattachent toutes les classes du peuple russe à la personne du souverain.

La personnification du pays par le souverain, comme elle a lieu dans les autres États européens, a toujours quelque chose d'abstrait; c'est une forme voulue par la nécessité des relations internationales. Mais la personnification de la Russie dans l'empereur est chose vivante qui se rattache

à toutes les classes, à tous les intérêts matériels de
l'empire, à tous ses sentiments, à sa défense
comme à sa gloire et à sa religion ! Le fait est tel ;
il ne s'agit pas de le mettre en discussion ; il
existe et vous ne l'avez pas compris. On n'a pas
compris que déverser l'injure, comme on l'a fait,
sur la personne du souverain, c'était la déverser
sur la Russie tout entière. Chaque injure a été
une faute commise : faute monarchique, car il ne
faut pas, dans des pays où il y a des trônes et où
on dit les vouloir conserver encore, attaquer de
cette manière ceux qui les occupent ; faute politique, car il ne faut pas insulter toutes les classes
d'un peuple auquel on veut faire la guerre ; faute
morale, n'est-ce pas doubler les forces que d'exciter les âmes ? Les troupes alliées n'auront pas de
motifs pour mettre à leur attaque le même enthousiasme que les Russes mettent à leur défense.
La lenteur de leurs opérations prouve plus de
calcul que d'entraînement ; mais alors il fallait
savoir ne pas se tromper sur la première base du
calcul.

Les considérations qui précèdent ont eu pour
objet de montrer que les puissances qui se sont
mises à la tête d'une coalition contre la Russie

n'ont pas connu la situation du corps politique qu'ils se proposaient d'attaquer. Leurs imprudentes manifestations ont donné à tout le pays une seule et même impulsion ; toutes les forces de la Russie sont venues se mettre à la libre disposition de l'empereur ; tout l'empire est venu se concentrer dans sa main.

Si le calcul moral a été faux, le calcul militaire n'a pas été plus habile. Sous ce rapport, l'erreur n'a pas été d'un seul côté. Il paraît que ceux qui veulent faire la guerre, comme ceux qui veulent conserver la paix, se trompent également sur les véritables forces de la Russie. Il paraît que la Russie elle-même se fait illusion sur la nature de la position militaire qu'elle a prise dans cette question orientale. Nous allons soumettre cette question à un examen aussi approfondi que l'exige son importance et que l'exige surtout la circonstance que, sur les points les plus essentiels, nous sommes d'un avis opposé à l'opinion de tout le monde.

Les grandes questions militaires ne doivent pas être des hypothèses, elles reposent sur des calculs. Quand des hommes du métier se trompent, c'est

qu'ils ne connaissent pas avec exactitude tous les
éléments qui doivent entrer dans ces calculs ; nous
chercherons à les exposer tels que la géographie
et l'histoire les font connaître ; nous disons l'histoire parce qu'elle nous offre, en faveur de l'opinion que nous avons adoptée, des preuves d'une
nature tellement supérieure qu'aucun esprit ne
pourra les récuser. Comme il s'agit, avant tout,
de convaincre les Russes, c'est particulièrement à
eux que nous adressons cette partie de notre travail, persuadés que nous sommes d'avance qu'ils
ne se mettront pas en opposition avec le génie de
Pierre le Grand qui a décidé, sans réplique possible, la supériorité de la Russie du nord sur la
Russie méridionale ; et comme ils connaissent
bien plus parfaitement que cela nous serait possible tous les détails de son règne, nous nous bor-
nerons à mettre sous les yeux de nos lecteurs une
simple table chronologique des faits.

Quand Pierre Ier parvint au trône, il trouva un
empire immense qui n'était que de la terre, il lui
manquait l'eau, cet élément qui féconde à la fois
la nature et l'humanité. De même que notre globe,
tel que nous le connaissons, ne s'est formé que
par le combat des forces primitives de la création.

de même l'empire de Russie n'a été formé que
par la lutte prolongée de toutes les races qui s'en
disputaient le sol et par le déchaînement de toutes
les passions humaines. Mais ce n'était qu'une
base, qu'une base d'empire; l'empire lui-même,
dans l'acception civilisée de ce mot, n'existait pas
encore. Sa création fut l'œuvre de Pierre le Grand.
Il comprit qu'il fallait mettre cette terre en communication avec de l'eau et qu'il fallait l'eau de
l'Océan, cet élément primitif, pour féconder une
aussi vaste terre. Il n'avait trouvé qu'Archangel,
position trop excentrique, trop boréale pour
qu'elle pût suffire à ses projets. Ses vues se portè-
rent à la fois sur la mer Caspienne, sur la mer
Noire et sur le golfe de Finlande.

Quand on prend pour base de calcul militaire
une des grandes conceptions de Pierre Ier, on ne
risque pas de se tromper; on ne doit pas craindre
surtout de trouver des contradicteurs en Russie.

Suivons donc le développement de ses pensées
et la marche de ses actions.

Sa première expédition fut dirigée vers la
mer d'Azow. Elle dura un an : commencée
en 1695 , il prit possession de la ville qui porte ce

nom en 1696. Il paraît que le premier objet de
cette conquête a dû être d'achever l'anéantisse-
ment de la puissance des Tartares en Russie, en
leur enlevant la Crimée, et d'ouvrir ensuite les
voies commerciales de l'ancien monde par la
Géorgie en Asie. Il construisit la ville et le port
de Taganrog en 1697. Il paraissait vouloir faire
de cette ville et de cette mer un arsenal maritime
et y préparer les moyens de disputer un jour la
possession de la mer Noire à la Turquie.

Ce fut dans cette même année de 1697 que le
prince Eugène termina ses brillantes campagnes
contre les Turcs par la bataille de Zenta, qui fut
suivie, en 1699, de la paix de Carlowitz. Ce fut à
la même époque que les Vénitiens, sous Morosini,
venaient de reprendre la Morée sur les Turcs. La
continuation de la guerre avait donc de belles
chances en sa faveur; mais l'empire de Russie ne
confinait encore sur aucun point avec la Turquie. La paix de Carlowitz ayant d'ailleurs ré-
tabli la paix entre la chrétienté et le Sultan,
Pierre Ier n'hésita pas à tourner toutes ses pensées vers la Baltique; il y envoya même une partie des matelots qu'il avait formés sur la mer
d'Azow.

Suivons rapidement la marche des événements :
ils nous feront connaître avec la plus grande certitude celle de ses pensées.

Son armée perdit la bataille de Narwa, en
1700.

Le czar courut en Pologne concerter avec le
roi Auguste les moyens de continuer la guerre
contre le roi de Suède. Dans le cours de 1702,
une de ses armées remporta plusieurs avantages
successifs en Livonie. La journée qui devint histo-
riquement la plus célèbre fut celle de Marienbourg.
Ce fut dans cette ville, livrée au pillage, que fut
faite prisonnière cette jeune Livonienne, Catherine, à laquelle étaient réservées des destinées si
étranges et si hautes.

Ce fut en 1703 que Pierre Ier fonda la ville de
Pétersbourg et le port de Cronstadt. La guerre
continua en Pologne avec des succès variés et de
plus ou moins longues interruptions. Charles XII
la ramena, en 1709, vers le midi de la Russie.
Ce fut à Pultawa que Pierre Ier en finit d'un seul
coup avec cet adversaire dangereux, qui persistait
à vouloir se faire rival de la gloire inutile des

champs de bataille, ne pouvant jamais l'être de la gloire politique.

Pendant ce temps, le khan de Crimée, inquiet de l'établissement formé par les Russes dans la mer d'Azow, ne cessait de solliciter le Sultan de venir les en chasser. Enfin, le Sultan se décida à déclarer la guerre à la Russie en 1711. Une armée considérable vint se rassembler en Valachie et en Moldavie.

La Pologne, épuisée par les invasions des deux rois Charles X et Charles XII, ne laissait pas au roi la possibilité de donner des troupes au czar pour l'aider à aller combattre les Turcs; il ne pouvait que donner le passage par ses États. La campagne que fit Pierre Ier ne fut pas heureuse, l'armée turque lui était trop supérieure; forcé de se retirer jusqu'au Pruth, il courait les plus grands dangers pour lui et pour son armée. Il devait entrer dans les destinées de cet homme si fort et si formidable de devoir son salut au courage et à la présence d'esprit d'une femme. Il eut l'âme assez généreuse pour le reconnaître hautement, et cette Catherine, faite prisonnière en 1702, qu'il avait épousée secrètement en 1707, fit pour elle, en cette occasion, la conquête du trône de Russie. La paix se fit, la mer d'Azow fut rendue à la Turquie la même année, en 1711.

Pierre Ier, qui avait encore à conquérir le nom de Grand, avait senti, dès le commencement de son règne, que ce n'étaient pas des batailles sans profit qui pouvaient le lui donner. Si la gloire des armes peut suffire à un prince, les peuples ne peuvent pas vivre de gloire seule. Ce n'était pas, en vérité, pour faire la guerre aux Turcs, que Pierre Ier avait travaillé si hardiment à donner à la Russie des arts, des sciences, des hommes nouveaux, des lumières et des mœurs nouvelles. La mer Noire était pour son vaste esprit un théâtre trop étroit. Il n'avait trouvé dans le midi de la Russie aucune des conditions dont son gouvernement avait besoin.

Pierre Ier avait l'âme trop élevée, un coup d'œil trop supérieur pour se laisser distraire de ses grandes pensées par les revers qu'il venait d'éprouver sur le Pruth. La déclaration de guerre du Sultan l'avait fait sortir de sa route ; il ne voulut pas faire payer à la Russie les frais de l'affront qu'il avait reçu ; il le prit sur son compte

à lui tout seul, et continua l'exécution de ses
projets.

Dès le moment que Pierre Ier eut fait son établissement sur la mer Baltique, il s'était occupé des
moyens de le mettre en communication avec l'intérieur de l'empire par le Volga. C'était une nécessité pour l'existence de sa nouvelle capitale,
n'ayant dans sa proximité que de misérables territoires sans culture. Mais son génie allait plus
loin; il voulut faire du Volga l'artère de son
grand empire, qui devait porter la vie de la
mer Caspienne à la Baltique. Mais il fallait pouvoir naviguer dans les deux sens, il fallait pouvoir
monter et descendre; il avait ordonné toutes les
recherches et les travaux préparatoires à cet effet.

Une circonstance qui présente de l'intérêt à
ceux qui veulent étudier le mouvement de l'intelligence de Pierre le Grand, est celle que ce fut
précisément dans cette même année de 1711 que
se firent les premiers travaux du canal de Ladoga
et de la navigation, dont l'ensemble est connu
sous le nom de systèmes[1] de Vichni-Volotchok, de
Tikhvine et de Marie.

1. On trouve tous les détails de ces travaux dans les pu-

Pierre Ier, après s'être assuré la tranquille possession des conquêtes qu'il avait faites par le traité de paix de Neustadt, conclu entre la couronne de Suède et lui, le 30 août 1721, eut bientôt après l'occasion de montrer à la Russie l'avantage qu'auraient pour elle les nouvelles voies qu'il lui avait ouvertes par la mer Caspienne vers l'Asie. Les Persans étaient venus piller un établissement que des marchands russes avaient formé sur la rive occidentale de cette mer, dans le Daghestan. Pierre Ier se servit de cette circonstance pour aller en personne y montrer la puissance dont il avait posé la base. Il descendit le Volga avec une armée, en 1722; il alla attaquer la Perse, prit Derbent et Dàku en 1723. Il se fit céder, par le traité de paix que sollicitait le schah de Perse, plusieurs points sur la côte méridionale de la mer Caspienne, dans le Guilan et le Magenderan (qui rentrèrent plus tard sous la domination de la Perse). Mais par l'acquisition du Daghestan, la Russie tournait le Caucase et s'ouvrait la communication commerciale la plus facile avec l'Asie.

Pierre le Grand rentra en triomphateur à Mos-

blications faites par la direction des voies et communications de l'empire.

cou en 1723; il mourut en 1725, après avoir
montré à la Russie dans quelle direction ses destinées devraient se développer et s'accomplir. Il
avait perdu la mer d'Azoff en 1711, après l'avoir
possédée quatorze ans. Un espace de temps égal
s'était écoulé entre la rétrocession de cette conquête et sa mort. Pendant cette seconde époque,
il ne fut pas tiré un seul coup de canon entre la
Turquie et la Russie, tandis que Pierre le Grand
n'avait cessé de remporter des triomphes au nord-
ouest et à l'est de son empire. Il avait employé
toute la force d'activité dont il était capable pour
rattacher ses nouvelles conquêtes au centre de son
empire et pour imprimer à cet ensemble une direction de mouvement maritime nord-ouest par
lequel devaient s'importer à la fois les hommes, les
idées et les marchandises dont la Russie de sa création avait besoin.

Il y a des Russes, et leur nombre est considérable, tant l'amour-propre national est une disposition de l'esprit qui se laisse facilement induire en
erreur, il y a, disons-nous, des Russes sincèrement
convaincus que c'est la Russie qui a brisé la puissance de l'empire ottoman, que c'est aux Russes
seuls et au sang russe qui a coulé que les chré-

tiens devront leur délivrance; que la Russie a
donc conquis légitimement, sinon le droit d'héri-
tage, au moins celui d'une supériorité incontesta-
blement acquise. On a vu cependant par la très-
simple exposition des faits que nous venons de
mettre sous les yeux des lecteurs que, jusqu'à l'é-
poque de la mort de Pierre le Grand, la Russie
n'avait pas encore porté un seul coup à la puissance ottomane, et cependant elle était déjà bri-
sée. Ce sont les Vénitiens, les Hongrois, les Polonais, les Autrichiens, ce sont deux fois les murs
de Vienne, c'est toute l'Allemagne enfin qui tout
de concert ont lutté pendant près de trois siècles
contre cette force d'invasion, cette soif de conquête et de pillage qui rendait alors cette race des
Osmanlis si dangereuse à l'Europe, si difficile à
vaincre. L'histoire a conservé le nom des hommes
illustres qui ont accompli cette grande œuvre : la
liste en est nombreuse; on n'y trouve pas un seul
nom russe, par la raison toute simple que la Russie
ne pouvait prendre aucune part à des événements
qui avaient lieu sur un théâtre placé entièrement
hors de la sphère de son action.

Ce fut en 1736 que la Russie entra, pour la
première fois, directement en scène sur ce théâtre
nouveau pour elle; elle avait commencé par re-

prendre Azoff. Elle le conserva après trois campagnes qui n'eurent point de résultat, l'Autriche
ayant été forcée, de son côté, par une guerre mal
conduite en Servie et en Bosnie, à mettre fin à
cette guerre par la paix de Belgrade, en 1739.

Continuons à rechercher les motifs qui ont déterminé Pierre le Grand à faire du nord de la
Russie le centre de gravité de sa puissance. Voyons
si les motifs qui l'ont dirigé n'ont, peut-être, été
que transitoires, ou bien s'il les a puisés dans l'appréciation de causes permanentes de telle nature
que ni le temps ni les hommes n'aient pu les
changer.

Il faut d'abord se demander quelle est donc la
nature de cette zone prolongée de steppes qui for-
ment la Russie méridionale. Elle commence en Asie
et s'étend sans interruption jusqu'au Dniester.
C'est par cette zone que se sont faites toutes les
migrations des peuples qui passaient d'Asie en
Europe; c'est par ces steppes qu'Attila est arrivé
avec toutes ses hordes; c'est par là que les derniers arrivés, les Magyars, sont entrés par la Transylvanie en Hongrie. Les dernières invasions des
Mongols et des Tatares sont venues et reparties

par cette zone et dans les temps qui appartiennent
déjà à l'histoire moderne ; on a vu les Tatares et
cette race cosaque turbulente, guerrière, toujours
en mouvement, changeant de lieux sans être no-
made, se disputer pendant quelques siècles ces
steppes comme si elles étaient des terrains vagues
qui appartinssent à qui peut les occuper. Pourquoi donc aucun de ces peuples ne s'est-il fixé où
rien ne paraissait devoir leur manquer ? La terre
est fertile, l'herbe est abondante, les fleuves et les
rivières, de passage facile, sont d'un écoulement
régulier. Les terres de la Russie centrale ont été de
tous temps, à notre connaissance, habitées par
des peuples stables ; la population s'y est agglo-
mérée comme cela arrive dans les pays de bonne
condition, tandis que ceux qui ont voulu se fixer
dans ces steppes n'y ont jamais été que clair-
semés.

Pendant que l'Europe centrale était occupée de
sa lutte contre les Turcs, la Russie de son côté
luttait aussi pendant deux siècles contre les Tatares, qui tenaient en sujétion une partie de ses
provinces. Depuis qu'elle occupe sans partage
toute cette région méridionale et orientale, la population y est restée faible ; l'agriculture y est en-

core dans l'enfance; aucun genre d'industrie ne
s'y est établi.

Nous allons donner à l'appui quelques chiffres
tirés des tableaux statistiques publiés en Russie.
Ils montreront que dans quelques gouvernements
du midi, où la population est à peu près égale à
celle des gouvernements du centre, où elle est la
plus forte, l'industrie est cependant aussi nulle
que dans les gouvernements les moins peuplés.

Cet écrit doit se renfermer dans des limites trop
étroites pour nous permettre de rassembler ici les
causes explicatives de ce phénomène qui se présente comme une nécessité de la nature, invariable malgré tout le mouvement des hommes. Il est
donc le résultat de la position géographique et du
climat. C'est de cette manière que la latitude seule
ne détermine nulle part les variations du thermo-
mètre.

(Voir le tableau ci-joint.)

TABLEAU STATISTIQUE.

GOUVERNEMENTS.	ÉTENDUE en milles carrés géographiques.	POPULATION.	NOMBRE d'habitants par mille carré.	PROPORTION des industriels au nombre des habitants.	NOMBRE de chevaux pour 100 habitants.	NOMBRE de bœufs pour 100 habitants.
Saint-Pétersbourg..	970	971,500	1002	1 : 41	10	17
Moscou............	589	1,374,700	2323	1 : 54	22	21
Tiver.............	1223	1,327,700	1085	1 : 179	38	51
Nowgorod	2213	907,900	410	1 : 227	23	57
Kherson..........	1332	842,400	632	1 : 333	36	61
Ekathérinoslaw....	1206	870,100	721	1 : 364	12	57
Tauride..........	1153	572,200	492	1 : 422	27	121
Kiew	914	1,605,800	1757	1 : 574	7	35
Kharkow	985	1,467,400	1490	1 : 578	13	40
Pays des Cosaques du Don..	2943	704,300	239	1 : 2101	53	166

NOTA. — 1° Les arts et métiers ne sont pas compris dans le nombre des industriels.

2° Il y a quatre gouvernements dans lesquels on ne compte pas un cheval pour dix habitants : Grodno, Kiew, Podolie et Poltawa. Dans le gouvernement d'Orenbourg, le nombre des chevaux est presque égal au chiffre de la population.

Pierre le Grand avait eu du même jet l'idée de réunir la mer Caspienne à la mer Noire et à la mer Baltique; il voulait, en même temps, réunir directement ces deux dernières l'une à l'autre. Il n'y a aucune trace dans les souvenirs de son règne qu'il ait fait entreprendre d'autres travaux

que ceux qui ont établi la communication entre
Astraskan et Pétersbourg; ces travaux n'ont reçu
leur complément définitif que sous le règne de Catherine II. Les recherches qui se firent depuis par
la direction des voies et communications ont
prouvé l'impossibilité de rendre navigables les
trois fleuves qui coulent vers la mer Noire; les
essais qui furent faits ont été abandonnés. Cela
explique pourquoi Pierre le Grand y avait renoncé; il avait trop de choses à faire pour s'occuper d'entreprises douteuses. Son caractère et
son coup d'œil agissaient toujours d'accord, poussés tous deux comme par une impulsion native.
Le développement commercial de la Russie et la
direction qu'il a prise nous donnent, sur une plus
grande échelle, la preuve de ce coup d'œil presque
divinatoire dont était doué Pierre le Grand. Son
séjour en Hollande, sa visite à Londres, lui avaient
montré la route commerciale du monde. Dès ce
moment, son parti fut pris, il porta toute l'activité de son empire dans cette direction. Sa première pensée en s'emparant, au début de son règne, de la mer d'Azow, avait été de chasser les
Tatares de la Crimée, et de s'ouvrir une voie commerciale par la Géorgie avec la Perse. Mais à
peine avait-il formé son établissement dans cette

mer (que les anciens appelaient un marais) qu'il
partit de là pour la Hollande; quand on compare
ce qu'il fit depuis avec ce qu'il avait projeté de
faire, on peut se convaincre que c'est ce qu'il vit
et ce qu'il apprit dans ce voyage qui changea la
première direction de son esprit et fixa tous ses
projets d'avenir.

C'est en 1697 qu'il partit d'Azow pour la Hollande, et c'est en 1703 qu'il fonde Pétersbourg.
L'histoire du passé de la Russie était une preuve
que cette fondation donnerait tous les avantages
qu'il en espérait. Nowgorod, la grande, était devenue riche et puissante par la navigation. Située
sur le Volkof, qui entre dans le Ladoga, c'était
par cette voie qu'elle était entrée en rapport avec
la Hansa; elle était devenue l'entrepôt du commerce de tout le nord de l'Europe avec l'Asie.
République trop riche pour ne pas exciter l'envie,
trop libre pour ne pas donner d'inquiétude, elle
fut détruite et avec elle disparut le commerce
dont elle avait été le centre. Ce centre faisait tel-
ment défaut, qu'une fois la résolution prise, on
ne tarda pas à voir les palais de la ville impériale
remplacer les maisons de bois de la ville du
moyen âge. Cette renaissance avait l'air de se faire

comme par enchantement; elle répondait à une nécessité.

Toutes les eaux de la Russie du nord soumises par l'art de l'ingénieur apportèrent tous les produits de l'intérieur à ce nouveau port d'exportation. Un port central, pour servir d'intermédiaire entre l'Asie et l'Europe, naquit aussi, comme par enchantement, à Nichni Nowgorod, sur le Volga, qui apporte tous les trésors de l'Oural et de la Sibérie à Pétersbourg.

Pour trouver une dernière preuve combien toutes ces créations sont d'accord avec la nature et combien est grande la supériorité du nord sur le midi de la Russie, il ne faut que comparer les journaux de navigation des vaisseaux qui partent du golfe de Finlande pour l'Atlantique et l'Amérique du Nord, et qui ont pour étape, en passant, les ports de Hambourg, de Hollande, d'Angleterre, avec les bâtiments qui partent d'Odessa ou de Tagaurou pour aller chercher le détroit de Gibraltar. Il faut des vents faits qu'il faut souvent attendre longtemps pour entrer comme pour sortir. N'importe à qui pourrait appartenir le Bosphore, c'est le vent qui en est le maître absolu, et

si la vapeur, à son tour est plus forte que le vent,
elle est trop chère pour le commerce. Tout le
monde, dans l'Europe centrale et principalement
à Vienne, a tous les jours la preuve de la grande
supériorité de la navigation du nord sur celle du
midi. Le commerce de Hambourg et de la Hollande porte les marchandises coloniales et les livre
jusqu'à Laibach à des prix contre lesquels la place
de Trieste ne peut pas faire concurrence. La voie
de fer pourra seule rétablir l'équilibre. On peut
juger par cette infériorité de position de Trieste
combien cette infériorité sera plus grande quand
la comparaison doit se faire entre les ports de la
mer Noire et ceux de la Baltique. Sous tous les
rapports et de tous les points de vue la richesse
du midi de la Russie est une fable qui ressemble à
celle de la Toison-d'Or. Des étrangers sont venus
l'y prendre et l'emporter; c'est encore ce qui s'y
passe aujourd'hui; Odessa exporte la laine, les
draps se font ailleurs : ceux de Russie se font au
nord.

Il nous reste à traiter de la question militaire
du point de vue général de l'empire et de celui
plus particulier et plus spécial de l'Orient. Il faut
le désigner comme spécial, car il se détache de

l'empire, il sort de la sphère de sa véritable puissance.

Il ne faudra pas de longues considérations pour montrer que la Russie est militairement aussi faible en face de la Turquie d'Europe, qu'elle est forte sur son propre terrain. Quand on sort de chez soi, tous les éléments de la force changent de nature. Ce n'est plus avec l'armée seule qu'il s'agit de compter. Il faut savoir mesurer cette force d'impulsion qui ne peut venir que de l'empire, et qui ne peut jaillir que du centre de sa puissance. Le midi de la Russie ne possède rien de cette puissance ; la force d'impulsion ne peut donc pas en sortir ; or, ce genre de force diminue à mesure qu'on s'éloigne de sa source. Les guerres que la Russie a faites contre la Turquie en donnent la preuve. Celle de 1828-29 ne fait pas exception ; car alors la coalition de l'Europe centralisait l'Orient.

Pierre le Grand n'avait indiqué que le point central de la puissance de l'empire. Il n'appartenait pas encore à son époque de la développer. Malgré la force de son caractère et la confiance qu'il devait avoir en lui-même, il était cependant

sage et modéré en politique. Il en avait donné une
première preuve dans ses relations avec la Turquie ; il en donna une preuve plus manifeste encore lorsqu'il voulut faire une paix durable avec
la Suède. Il avait conquis toute la Finlande,
sans en excepter les îles d'Aland, occasion où il
montra la supériorité maritime que sa flotte d'o-
rigine si nouvelle avait déjà acquise sur celle de la
Suède. Il restitua, par le traité de Neustadt de
1721, tout le grand-duché de Finlande à la
Suède. Il devait sans doute très-peu lui importer de posséder cette vaste surface couverte de
blocs de granit isolés qui ont l'air de matériaux
restés inutiles au travail de la création, tant ils
paraissent jetés là au hasard, comme ils le sont
sur les deux côtes de la Baltique ; ajouter de pareils débris de petits lacs et des sapins comme
ceux que possède la Russie en abondance dans
toute cette latitude, n'avait rien de séduisant.
Pierre le Grand ne voulait que le débouché maritime ; sa supériorité était assez assurée pour ne
plus avoir rien à craindre du voisinage des Sué-
dois en Finlande ; d'ailleurs, la race scandinave
se borne à la population des villes ; le peuple des
campagnes est exclusivement de race finnoise,
qui est la même que celle de l'Ingrie, et qui

s'étend fort loin dans la partie la plus septentrio-
nale de la Russie : cette race, loin d'être hostile à
la Russie, ne trouve, au contraire, rien qui lui
soit homogène en Suède. La conquête de la Finlande, sans offrir alors aucun avantage territorial
à la Russie, eût compromis les nouveaux établissements de Pierre le Grand, encore imparfaits, en
éveillant trop tôt l'inquiétude de la France, ancienne alliée de la Suède, et celle de l'Angleterre,
qui eût trouvé dans cette position maritime plus
avancée qu'eût prise la Russie dès son début, un
germe de rivalité maritime qu'elle ne devait pas
laisser grandir.

Pierre le Grand ne fut nullement occupé de la
Pologne; lui qui voulait, avant toute chose, faire
entrer les Russes dans les voies de la civilisation,
n'eût-il pas entravé son propre ouvrage en ajou-
tant encore à ses sujets encore sauvages d'autres
millions de sujets aussi arriérés qu'eux ? C'est
l'immense surface de la Pologne, languissante
comme elle était, privée de tout ce qui constitue
le mouvement progressif d'une nation, qui élevait
entre l'Europe et la Russie une muraille de dimen-
sions infranchissables ; c'est la Pologne qui força
Pierre le Grand à prendre la voie de mer pour met-

tre son empire en communication directe avec l'Europe. Il ne profita des guerres de Charles VII et de son alliance avec le roi Auguste, que pour donner à son armée l'occasion d'apprendre à parcourir la Pologne.

Le système militaire de la Russie a donc aujourd'hui entièrement changé de forme. Malgré la grande différence qu'il y a entre l'état de possession territoriale de son époque et celui d'aujourd'hui, cependant, en l'étudiant tel qu'il est établi, nous trouverons le principe de sa force dans celui de l'empire tel que Pierre le Grand l'a formé, et nous le verrons s'affaiblir à mesure qu'il s'en éloigne.

Il n'y a personne en Europe qui ne connaisse aujourd'hui avec exactitude l'état des forces militaires de la Russie. Ce pays, qui sait avec une grande habileté dérober à l'attention étrangère tout ce qu'il veut tenir secret, paraît, au contraire, mettre de l'intérêt à ce que personne n'ignore quels sont les éléments dont se compose sa puissance. La presse européenne se trouve donc en possession des détails les plus exacts sur tout le système militaire russe. On connaît les chiffres, les

emplacements des troupes; on sait de quoi se
compose l'armée active, on sait quels sont les
corps à destination fixe qu'il faut tenir séparés
des corps d'armée disponibles et toujours mobiles.

Mais cela ne suffit pas pour l'appréciation
exacte de la véritable force. Les chiffres des hommes seuls ne suffisent pas pour les combinaisons
de la guerre. Quand il s'agit d'une aussi vaste
surface que celle de l'empire de Russie, il faut
tout connaître : le rapport qu'il y a entre les armées et les distances; l'état des routes ; la navigation des fleuves ; la fertilité des provinces ; quels
sont les moyens de transports. Il faut savoir où
sont les grands établissements militaires, arsenaux,
fonderies, fabrications d'armes, fabrication de
poudre. Il faut principalement savoir où est le
centre de gravité des forces.

Il faut se demander d'abord si les emplacements fixes des grands établissements militaires
et les positions ordinaires dans lesquelles sont
placés les corps d'armée active, pourront faire
connaître la pensée dominante du gouvernement,
sous le double rapport de sa défense et des projets d'agression qu'il peut avoir.

Les trois points principaux du système militaire russe sont : Varsovie, Pétersbourg et Moscou. Dans l'intérieur de ce triangle, ou appuyée le long de ses côtés, se trouve placée l'armée active, presque tout entière d'une manière stable.

Quatre corps d'armée : la garde impériale, le corps des grenadiers, le premier corps de cavalerie de réserve, toute l'artillerie de ligne et de réserve qui correspond à ce nombre de troupes. Toutes les places de guerre de la Vistule, du Bug, de la Dwina, sont situées dans ce triangle. S'y trouvent aussi les plus grands établissements militaires, ainsi que les manufactures d'habillement et d'équipement. Ces trois points sont mis en communication par des routes qu'aucune saison ne peut rendre impraticables : des routes de fer déjà construites ou encore en construction; des lignes télégraphiques les rapprochent davantage encore.

Il ne faut que trois mois pour échelonner toute cette armée avec toute son artillerie et ses réserves entre la Vistule et le Niémen.

Ce triangle exprime la pensée dominante du gouvernement russe.

La totalité des forces qui viennent d'être énumérées fait face à l'Allemagne ; aussi bien disposée pour la défense que pour une guerre d'agression.

En dehors de ce triangle, le reste du système n'est que secondaire.

Le point militaire qui en est le plus rapproché dans la direction du midi est Kiew. On n'y voyait autrefois qu'une citadelle, ouvrage de Pierre le Grand : c'est un octogone sans revêtement; elle ressemblait plus à un logement dans un pays dont on n'est pas sûr, qu'à une place de guerre. L'impératrice Catherine y fit bâtir un arsenal considérable; bel édifice.

Le soulèvement d'une grande partie des provinces polonaises, en 1830, a fait sentir au gouvernement russe la nécessité d'avoir une grande place d'armes dans un point central de la Volhynie. Kiew, située sur le Dnieper, réunissait toutes les conditions pour le devenir. C'est le quartier général d'un cinquième corps d'armée; c'est le chef-lieu d'un gouvernement général qui réunit trois gouvernements de province : celui de Kiew

même, de Zitomir et de Kalouga. C'est à Kiew que
se réunit la noblesse pour le temps des contrats ;
il y a une université, un grand séminaire grec ;
les plus anciennes églises de la Russie s'y trouvent ;
les populations russes y ont grande dévotion ;
elles sont le but de nombreux pèlerinages. C'est,
en un mot, le point où toutes les anciennes et
nouvelles circonstances se réunissent le mieux
pour y établir le foyer d'un contrat matériel et
intellectuel entre les deux éléments russe et polonais.

Kiew possède donc tout ce qu'il faut pour lui
assurer une grande influence morale sur tout le
pays. Le terrain, quoique très-irrégulier, se prête
à l'établissement d'une grande place de guerre,
susceptible de devenir le boulevard de tout le
midi de l'empire. Telle est aussi la destination
qu'a voulu lui donner l'empereur Nicolas, et c'est
dans cette vue que le système de ses fortifications
a été conçu. Cette place est destinée tout à la fois
à maintenir le pays et à servir de point intermédiaire, de centre de communication entre le nord
et le midi ; mais elle est trop centrale, trop éloignée des frontières pour servir de point de départ
et d'appui d'une opération de guerre étrangère.

En dehors de ce que nous venons de décrire, se trouve un sixième corps d'armée, qui occupe en permanence la Bessarabie, la Podolie, Odessa et la Crimée.

Les deux grands corps de réserve de cavalerie que l'on appelle colonisée, mais qui ne l'est plus selon l'organisation primitive qui lui avait été donnée, se trouvent à Vosnesensk, sur le Bug, et le second à Tschugoniew, dans le gouvernement de Charkow. Ce corps est celui de la cavalerie pesante, uniquement formée de cuirassiers ; et pour juger quelle est la transformation de cette région, il suffira de dire qu'ils remplacent dans les slobodes de l'Ukraine cette ancienne milice des Cosaques, si mobile, si inquiète, si turbulente, à l'existence de laquelle l'impératrice Catherine mit une fin, en lui enlevant ce qui lui restait encore de son ancienne organisation. Ils sont devenus paysans de la couronne et possèdent plus de bœufs que de chevaux.

Un autre corps de cavalerie, celui des dragons, se trouve en permanence dans le gouvernement de Woronesch.

L'ensemble de ces dispositions place la presque

totalité de l'armée active et des établissements nécessaires à la conduite d'une grande guerre en
face de l'Europe. Il n'y a rien dans cet ensemble
qui puisse indiquer la guerre en Orient comme
une idée constante. La Russie n'avait pas à craindre une agression de la part de la Turquie; elle
ne prit donc aucune mesure défensive : un corps
d'armée sur toute cette frontière n'est, pour ainsi
dire, qu'une garde de sûreté intérieure, et la première place de dépôt de la guerre est Kiew, bien
plus rapprochée de la frontière occidentale que
de celle de l'Orient.

Le temps qu'il a fallu à la Russie, en 1853, pour
se préparer à soutenir la guerre, prouve cette
vérité; il prouve aussi que dans la pensée du
gouvernement l'occupation des Principautés n'a-
vait d'abord été qu'une démonstration politique.

La seule disposition militaire qui ait été depuis
longtemps signalée comme trahissant une pensée
constante d'invasion en Turquie, a été la formation d'une masse de cavalerie de près de 60 000 chevaux (en y comprenant le corps des dragons de
Woronesch), dans le midi de la Russie. Mais le
choix du lieu a été déterminé par de simples rai-

sons d'organisation et d'administration. Le but
de l'emploi de cette cavalerie n'y entrait pour
rien ; elle y restait disponible tout aussi facilement pour l'Occident que pour l'Orient. Les hommes de guerre savent d'abord très-bien que le
rassemblement d'une cavalerie aussi nombreuse
sur un seul point ne peut jamais être un calcul
militaire : et précisément la nature du théâtre de
la guerre qu'aurait à faire une armée russe en
passant le Danube s'oppose à l'emploi d'une aussi
grande quantité de chevaux ; ils épuiseraient les ressources nécessaires au train d'une grande armée.

Mais c'est d'un point de vue plus général que
nous voulons envisager la position militaire de la
Russie vis-à-vis de la Turquie. La Russie ne se
trouve pas là placée en tête-à-tête ; elle ne peut
jamais y être seule. Bien loin d'y être seule, la
géographie ne l'y place, au contraire, qu'en seconde ligne, et toutes les fois qu'elle voudra,
seule, s'y mettre en première ligne, elle fera un
faux calcul. Aussi la supériorité que la Russie pré-
tend exercer en Turquie est purement diplomatique ; elle ne veut que l'exécution des traités
qu'elle a faits avec la Porte ; elle ne veut que maintenir des droits acquis, et ces droits n'ont rien à

faire avec la position des armées. Si cependant
la guerre devait être au bout de ces droits, la
question changerait de nature, et c'est de ce
point de vue qu'il faut l'examiner, car elle y est
arrivée.

Les deux empires d'Autriche et de Russie sont
voisins de l'empire turc; mais leur position n'est
pas semblable. Il serait impossible d'entrer d'un
pas assuré dans la discussion de la question orientale avant d'avoir déterminé d'une manière posi-
tive la position et les intérêts des deux empires.
La vérité, sous ce rapport, n'a jamais été bien
établie; c'est particulièrement cette absence de
vérité qui a jeté de l'incertitude dans toutes les
positions, et, par cette raison, dans toutes les opinions.

L'empire ottoman a, dès le premier moment
de son existence, pesé de tout son poids sur la
Hongrie, sur la Styrie; c'est par ces provinces
qu'il menaçait d'envahissement l'Europe centrale.
Ce fut de même dans ces provinces que l'Europe
centrale, après avoir résisté longtemps, finit par
vaincre et par briser la force d'expansion qu'avait
la race turque. Depuis un siècle et demi elle n'a

plus que ce principe vital qui la conserve encore,
mais stationnaire.

Depuis cette époque, l'empire d'Autriche aurait pu peser de tout son poids sur l'empire ottoman, si sa position politique en Europe et si sa
constitution intérieure lui eussent permis de donner à ce poids la force d'expansion qu'il faut pour
sortir de chez soi. Tout en Autriche est sur place,
dans une position naturelle; tout y existe, sans
calcul prémédité, pour faire une guerre à laquelle
un accès d'ambition pourrait l'entraîner, si la sagesse ne lui disait pas depuis longtemps de s'abstenir; elle ne voulait sur cette frontière que le re-
pos de son empire, rien de plus. Ce poids d'un
pays sur l'autre est toujours réciproque; c'est une
condition géographique de nature permanente et
cependant sans danger, quand la raison sait reconnaître qu'il existe une barrière naturelle à la
puissance, qui ne peut manquer de s'affaiblir
quand elle la dépasse.

L'empire turc n'a, dans aucun temps, pesé sur
la Russie et, par raison réciproque, la Russie,
comme empire, n'a jamais géographiquement pesé
sur la Turquie. Son action sur la Turquie n'a ja-

mais été que celle de son armée; ce qui est bien particulièrement le cas dès que son armée s'éloigne de ses frontières pour l'attaquer.

Ce n'est que depuis le règne de l'impératrice Catherine que la Russie s'est mise dans un contact territorial immédiat avec l'empire turc; la Russie prit alors la place qu'avait occupée la Pologne. Depuis cette époque, les deux Principautés ont été le terrain sur lequel les deux empires se sont rencontrés.

C'est par le traité de paix de Kainardschi que la Russie fonda le droit d'intervention exclusive dans les affaires de l'empire turc; c'est depuis cette époque que la Russie a pesé sur la Turquie par sa diplomatie. C'est aussi depuis cette époque que le projet de s'emparer de ces Principautés n'a pas cessé d'être un instant le but de tous ses efforts comme de toutes ses négociations. Ce qui s'est passé à Tilsitt entre Napoléon et l'empereur Alexandre et l'ardeur qu'y mettait le chancelier Rumantzoff autorisent tout le monde à le dire. Aussi sous ce rapport l'opinion de l'Europe est-elle unanime[1].

1. On trouve une des preuves de cette unanimité dans un

La Russie dit, il est vrai, qu'elle est prête à évacuer les Principautés selon des conditions con-

écrit remarquable par les vues larges et impartiales de l'auteur; il a pour titre : *De la neutralité de l'Autriche dans la guerre de l'Orient*. Paris, 1854. On y lit, dans l'avant-propos, page XVI, la note suivante :

« Il n'est pas inutile de rappeler ici par quelle marche lente et sûre le cabinet de Saint-Pétersbourg est parvenu à établir, peu à peu, sur la Moldavie et la Valachie, le protectorat de la Russie;

« L'article 16 du traité de Kainardji, en 1774, lui conféra d'abord un droit d'intercession;

« Le traité d'Ackerman, en 1826, un droit de représentation;

« Le traité d'Andrinople, un droit d'occupation temporaire et de surveillance;

« Le règlement organique de 1834, un droit de protectorat;

« Le sened de Balta-Liman, en 1849, un droit d'occupation éventuelle. »

« De tous ces traités, celui d'Andrinople me semble le plus dur, qui stipula : 1° Que la Porte ne conserverait dans les Principautés aucun point fortifié;

« 2° Qu'elle ne s'immiscerait en rien dans leur administration intérieure;

« 3° Qu'elle n'en exigerait à l'avenir ni redevance, ni fourniture, *ni cadeau;*

« 4° Qu'aucun musulman ne pourrait y être domicilié;

« 5° Que tout musulman, propriétaire de biens-fonds serait tenu de les vendre dans le laps de dix-huit mois;

« 6° Qu'enfin la Porte, pour compenser le préjudice de cette exclusion politique, civile et militaire, se bornerait à recevoir un tribut annuel, dont elle n'aurait même pas le droit de fixer

venables et qu'elle souscrit au principe de l'intégrité de l'empire ottoman. Nous sommes convain-
cu de sa sincérité. Personne n'a le droit de
mettre en doute la parole de S. M. l'empereur
Nicolas. Mais la position que prend la Russie est,
comme elle a toujours su le faire, une position
d'avenir; elle veut placer les choses de manière à
ce que, pour le cas de la chute de l'empire ottoman et de la dislocation de ses vastes provinces,
les Principautés danubiennes devraient lui tomber en partage.

Or, même pour ce cas, l'Autriche devrait s'y
opposer; c'est une question vitale pour elle.

Entre deux grands corps politiques géographiquement placés comme le sont l'Autriche et la
Russie, les conditions de paix sont faites par la
nature elle-même. Nous ne voulons pas, pour le
moment, parler d'une alliance, transaction à la

le chiffre. — C'était, comme on voit, la substitution pure et
simple d'un droit de créance viagère au droit de souveraineté. Il eût été fort utile à cette époque de venir au secours
de la Turquie pour sauvegarder son intégrité, et du Grand-Sei-
gneur pour protéger sa souveraineté. On conviendra que, s'il
est encore louable de le faire aujourd'hui, il est du moins un
peu tard. »

nature de laquelle se rattachent toujours des intérêts généraux, nous parlons seulement de paix,
et nous disons que la paix deviendrait une servitude pour celui des deux empires aux dépens duquel les conditions naturelles sur lesquelles elle
doit nécessairement reposer, ne seraient pas ob-
servées.

Nous sommes donc autorisé à demander fran-
chement à la Russie ce qu'elle veut sur le Danube. Cette vallée du Danube est placée entièrement hors de son empire. La Russie n'a, sur ce
fleuve, aucun intérêt qui lui soit nécessaire et qui
puisse lui appartenir directement.

A l'exception de quelques faibles affluents de
la haute Allemagne, il n'y a pas une seule goutte
d'eau dans le Danube qui ne soit autrichienne;
toutes les eaux du Tyrol allemand, de la Carin-
thie, de la Styrie, de la Hongrie, de la Moravie,
toutes les eaux du versant méridional des Karpa-
thes, toutes celles de la Transylvanie coulent dans
le Danube.

Il n'y a pas une seule goutte d'eau russe dans
le Danube[1].

1. Nous ne voulons pas dire que l'eau du Danube, l'eau,

Les plus grands intérêts du commerce autri-
chien (et une grande partie de ceux de l'Allemagne par transit) sont sur le Danube, et pendant
qu'un grand nombre de bâtiments autrichiens de
toute sorte le montent et le descendent, et vont
par cette voie à Galatz, à Odessa, à Trébisonde
et Constantinople, pas un seul colis de marchan-
dise russe n'entre dans ce fleuve, et ne trouverait aucun avantage d'y entrer. La Russie n'y
cherche donc qu'un intérêt politique. Quel peut-
il être? Veut-elle y baser pour l'avenir une opération de guerre contre l'empire turc? Mais elle ne
le pourrait pas à elle seule; elle ne peut, en général, passer sa frontière naturelle (qui eût été la ligne du Dniester) sans agir dans le plus intime accord avec l'Autriche.

Il ne faut pas perdre de vue dans cette question
que la Russie ne peut en Europe peser sur la Turquie que par le poids de son armée, tandis que
l'Autriche peut peser sur elle de tout le poids de
son empire, et qu'elle le peut d'une manière in-

---

cet élément plein de mystère et de mouvement, puisse avoir
une nationalité qu'elle ne perdrait pas en s'éloignant de sa
source; l'eau n'a momentanément que la nationalité des rives
qu'elle baigne.

stantanée, d'un jour à l'autre, car tous ses
moyens sont là sur place; elle n'a aucune difficulté
à vaincre, ni celle des distances, ni celle des
transports; chevaux et vivres sont d'ailleurs en
quantité superflue en Hongrie. Mais la plus grande
difficulté pour la Russie, celle qu'aucun prépara-
tif ne peut vaincre, lui viendra toujours de la position stratégique. L'empire d'Autriche com-
mande, par sa position, le théâtre de la guerre
d'une manière absolue, c'est-à-dire inévitable.

Il n'existe, certainement, aujourd'hui aucun
individu dans l'armée russe qui ne soit con-
vaincu que la politique suivie par le cabinet de
Vienne et la position de l'armée autrichienne
n'aient mis obstacle aux opérations offensives de
l'armée russe au delà du Danube. L'irritation qui
se manifeste dans l'armée russe contre l'Autriche
en est une preuve évidente. Mais cette irritation
manque de raison. Car dès qu'un accord préala-
ble n'existait pas, la Russie ne devait-elle pas
s'abstenir?

Il n'y a donc rien eu de plus loyal et de plus
conforme à l'esprit de l'alliance, qui pendant de
longues années avait uni les deux cours impériales,

que de conseiller à la Russie et de lui demander
l'évacuation des Principautés. Ne devait-elle pas
y trouver deux avantages à la fois : celui de faire
cesser le tort qui a été l'origine de toute cette immense complication, et celui de faire sortir son armée d'une position militairement compromise? Si
le cabinet de Vienne n'eût pas été sincère, que pouvait-il demander de mieux que de voir la Russie
prolonger son séjour dans cette mauvaise situation? Et puisque les chances de l'avenir paraissent
malheureusement être encore incertaines, n'est-
ce pas un acte de la plus haute loyauté que d'engager celui qui peut devenir un adversaire à ne
pas se livrer et à se replacer dans une position
meilleure? Ce conseil ne prouve-t-il pas le désir
d'ouvrir une voie pacifique? Serait-il dit que les
puissances occidentales la fermeraient encore? On
a l'air de trouver, dans certains endroits, que ce
serait dommage, après tant de préparatifs de
guerre, de finir sans les avoir employés. Comme
si la paix, une paix qui serait honorable pour tout
le monde, ne devait pas être la plus belle indemnité des dépenses faites. Ne faut-il pas tenir compte
de celles que la continuation de la guerre exigerait encore? ou bien voudrait-on faire descendre
la guerre à n'être qu'un simple calcul de finances?

et ne pense-t-on pas que c'est avec du sang que
devraient s'écrire de pareils comptes?

Nous voulons et nous devons nous borner dans
cet écrit à ne prendre en considération que les
seuls intérêts de l'Autriche. Nous n'avons ni le
droit ni l'intention de nous occuper de ceux des
puissances occidentales; ils sont trop éloignés de
nous, trop compliqués, trop différents des nôtres,
pour que cela nous soit possible. Mais ce que nous
désirons, c'est de dégager les intérêts de l'Autriche et de les voir sortir du labyrinthe dans lequel
s'est engagé l'Occident. Nous disons labyrinthe,
parce qu'il est impossible d'en sortir sans rétro-
grader, tandis que c'est devant elle et de concert
avec la Russie que l'Autriche doit chercher une
issue. Nous croyons d'ailleurs que s'il était possible de rétablir une base de paix solide entre les
deux cours impériales, ce serait en même temps
rétablir la paix générale; car les intérêts des deux
empires dans la question d'Orient sont liés à ceux
de toute l'Europe. L'Autriche est placée en première ligne sur ce terrain; elle aurait à y courir les
plus grands et les premiers dangers; c'est donc en
son propre nom qu'elle a le droit de parler; elle ne
suit pas, elle précède, car elle est à l'avant-garde.

C'est toujours dans les traités de paix que se
trouvent les preuves de la décadence des peuples ; ils sont les pièces de comptabilité de l'histoire. Le traité de Münster a marqué l'époque de
la décadence de la puissance impériale en Allemagne ; le traité d'Oliva a marqué la décadence
de la Pologne ; le traité de Carlowitz, la décadence
de l'empire ottoman. Ce traité a été particulièrement l'œuvre de l'Autriche, de ses armées comme
de ses négociations.

Quand un État barbare a perdu le prestige de
la force, son ignorance devient d'une exploitation facile. La diplomatie russe a su très-habile-
ment l'exploiter depuis le traité de Kainardji[1]. Ce
n'est pas un reproche à lui faire, mais une explication à donner. A cette époque, déjà éloignée de
celle de Carlowitz de près de quatre-vingts ans, la

---

1. Dans un rapport adressé à la cour de Vienne, en date
du 17 août 1774, le baron de Thugut, alors internonce à
Constantinople, s'exprime de la manière suivante sur la paix
de Kainardji : « En face de toutes les différentes preuves de
l'incroyable stupidité avec laquelle l'administration corrom-
pue de la Porte a, depuis quelque temps, contribué bien plus
que ne l'ont fait les armes de la Russie, à hâter le moment de
la destruction complète de cet empire oriental, l'on ne sau-

Turquie était en pleine décadence; l'empire n'a-
vait plus, pour ainsi dire, ni sultan ni vizir : il
n'y avait que faiblesse, corruption et la plus complète ignorance pour tous les genres d'affaires,
soit celles de la guerre, soit celles de la politique
ou de l'administration. La Russie, son nouvel adversaire, qui prenait pour la première fois la Turquie corps à corps, était, au contraire, ce jeune
empire en pleine ascendance, qui grandissait aussi
depuis quatre-vingts ans, et dans lequel tout se
développait à la fois, l'intelligence et le corps;
sachant réunir l'éducation soignée d'une serre
chaude à la force que donne le grand air.

La Russie, dans cette circonstance, prit pour
base de ses relations avec la Turquie un principe
d'isolement, dont sa lutte, qui n'était pas ancienne,
lui avait inspiré l'idée. Le contraste qu'il y avait
dans la position des deux empires, rendit facile à

rait nier que jamais nation, au moment de sa chute, ne s'est
montrée moins digne de quelque compassion; elle ne méritait
certes pas qu'on lui portât le moindre intérêt, si malheureusement il n'y avait pas à prendre en considération que les
événements qui viennent de se passer ici, doivent exercer
l'influence la plus décisive sur les destinées futures du monde
et qu'ils ne tarderont pas à entraîner après eux les désastres
les plus fâcheux et les plus graves.. »

la Russie d'enlever à la Turquie tout ce qu'elle
avait, dans les temps de sa force, conquis sur le
territoire russe. Cette lutte corps à corps était
alors naturelle; la Russie trouva du profit à prolonger cet isolement sur le terrain diplomatique;
on en connaît les résultats, ils ont amené la crise
actuelle. Mais, dès le moment que la Russie dé-
passait cette ligne en deçà de laquelle l'isolement
avait pu être son droit, dès le moment qu'elle ne
pouvait être seule pour faire la guerre à la Turquie, la diplomatie russe ne pouvait pas avoir le
droit de rester seule. Elle ne pouvait plus l'avoir
parce qu'il est devenu impossible. Ne voyons-nous
donc pas que jamais les relations étrangères d'aucun
pays n'ont été aussi dépendantes d'influence étran-
nère que le sont celles de la Turquie; tous les
efforts que veut faire la Russie pour l'empêcher
sont inutiles; c'est une suite inévitable et naturelle
de l'affaiblissement d'un aussi vaste empire; ce ne
sont pas des traités que sa faiblesse a consentis
qui pourraient maintenir un principe d'isolement
que les succès de la Russie elle-même ont rendu
impossible. Et si toutes les puissances ont successivement contribué à briser cet ancien colosse,
les avantages que peut donner son affaiblissement
ne peuvent pas devenir le monopole d'une seule.

La position historique de cette question est importante, car c'est en elle que se trouve aujourd'hui la possibilité du rétablissement de la paix.

La Russie aurait tort de trouver une dépréciation de ses forces dans la thèse que nous avons établie, qu'elle ne peut plus seule faire la guerre à la Turquie. L'art de la guerre est une géométrie vivante; on en trace les figures avec des lignes d'hommes; mais l'art de l'ingénieur appartient à la nature, elle l'enseigne en grand par ses formations. Il est aussi impossible à la Russie de déplacer son propre empire, qu'il lui est impossible de déplacer celui de l'Autriche. Or, comment sont placés ces deux empires relativement à la ligne du Danube depuis Widdin jusqu'à la mer? Cette ligne est une longue courtine, dominée par derrière par les cavaliers élevés des Carpathes, et de flanc par cette partie de la Transylvanie qui s'élève là comme un bastion. La Russie peut y prendre poste avec son armée; mais, la géographie de son empire ne donne à cette position aucun appui.

Ce n'est donc pas la comparaison des forces, mais la position des empires qui décide la ques-

tion. Ceci posé comme une incontestable vérité,
nous allons encore une fois revenir sur le thème
que nous avons exposé, avec d'autant plus de
confiance qu'aucun amour-propre ne peut se mé-
prendre, ni sur le sens, ni sur la portée de nos
paroles.

D'après les dernières expériences qui viennent
de se faire sur le Danube, il ne doit plus y avoir
un seul homme de guerre en Russie qui n'ait acquis la conviction que, sans l'alliance ou sans l'assentiment, ou, pour le dire mieux dans un seul
mot, sans le concert de l'Autriche, la Russie ne
peut pas faire une guerre d'agression à la Turquie. Il faut donc le répéter, pour rétablir la paix,
la diplomatie russe n'a plus le droit de vouloir
rester seule en tête à tête avec la Turquie, quand
la Russie ne peut pas être seule pour lui faire la
guerre.

On dit : C'est une affaire d'honneur pour la
Russie de maintenir tous les droits que lui donnent ses traités avec la Porte. Mais un traité n'est
pas un titre d'honneur. Quand on stipule un droit,
c'est parce qu'il donne un avantage qui se ratta-
chait aux circonstances du moment ; quand le

temps a changé ces circonstances et que la défense
du droit stipulé porte plus de dommage qu'il ne
pourrait donner de profit, loin que l'honneur
puisse exiger sa défense à tout prix, la raison
d'État conseillerait, au contraire, d'en faire l'a-
bandon. Des arrière-pensées qui vont plus loin
que la valeur apparente de ces droits doivent être
le seul motif qui puisse décider de les défendre à
tout prix.

C'est parce qu'il en est ainsi que le rétablissement de la paix entre la Turquie et la Russie
n'est pour l'Autriche qu'une question secondaire.

Les relations entre les deux cours impériales
sont profondément altérées ; l'époque actuelle le
prouve. Nous sommes placés de manière que
nous ne pouvons rien faire pour le rétablissement
de la paix générale avant d'avoir replacé nos relations avec la Russie sur une base de véritable
paix. Les puissances occidentales, loin de ne chercher dans l'Autriche qu'un auxiliaire pour une
guerre qui ne peut avoir de résultat certain que
la ruine du continent, devraient, au contraire,
bien plutôt la prendre pour auxiliaire pour l'œuvre
de la restauration de la paix, mais d'une paix,

nous en sommes d'accord, qui doit renfermer en elle des garanties pour l'avenir. Ces garanties, l'Autriche seule peut les demander d'une manière convenable à la Russie, parce que c'est une affaire placée exclusivement entre les deux empires.

Nous avons le droit de dire à la Russie : Vous sortez des Principautés parce que vous ne pouvez pas y rester sans danger pour vous. Mais ce n'est que la moitié de la question. Cette question restera toujours ouverte, incertaine, aussi longtemps que vous ne prendrez pas l'engagement de ne jamais y rentrer. A quoi vous sert la position que votre diplomatie vous y a faite ? A quoi sert le protectorat que vous avez acquis le droit d'y exercer ? De quel prix est pour vous ce partage de domination ? Tout ceci ne peut être pour vous d'aucun avantage si vous n'y rattachez pas des projets d'avenir. Il ne vous reste plus en effet qu'un seul pas à faire pour déclarer l'ensemble de ces Principautés territoire russe. Mais cette annexion ne changerait rien à la position géographique. Si vous ne pouvez pas y rester temporairement avec une armée, ce droit de souveraineté changerait-il quelque chose à cette situation ?

Il y a des choses qui finissent toujours par arriver, quand même elles auraient pu ne pas être dans la pensée primitive de ceux qui en ont amené la nécessité. Croit-on que, si Pierre le Grand n'eût pas transféré la capitale de son empire de Moscou à Saint-Pétersbourg, la Russie se serait amusée à faire la conquête de la Finlande? Aujourd'hui la Russie est parfaitement éclairée sur sa position dans les Principautés ; elle est pleinement convaincue que leur position ne lui donnerait aucune sûreté, soit comme occupation temporaire, soit comme position définitive. Si elle peut, à tout prendre, risquer la première, la seconde serait impossible sans y ajouter une sûreté permanente. Où pourrait-elle se trouver ailleurs que dans la possession de la Bukowine et de la Transylvanie? Persister à vouloir maintenir tous les genres de droits qu'elle a acquis, c'est nous faire connaître de la manière la plus certaine ses projets pour l'avenir. Et si la Russie d'à présent repousse loin d'elle cette idée en nous assurant que telle n'a jamais été et ne sera jamais sa pensée, qu'elle ne le veut pas : nous lui répondrons que la Russie de l'avenir le voudra.

Cet événement amènerait sans doute de grandes guerres et très-certainement une coalition plus fortement cimentée que celle que l'on veut former aujourd'hui. Il faut y prendre garde ; c'est jeter son avenir à tous les vents que de ne pas savoir à temps s'imposer à soi-même une frontière.

Si la Russie, sous ce rapport, donnait pleine et entière garantie à l'Autriche, ce serait une base de paix pour elle-même qui servirait en même temps au rétablissement de la paix générale et qui renfermerait en elle-même la garantie la plus certaine de sa durée.

FIN.

www.ingramcontent.com/pod-product-compliance
Lightning Source LLC
Chambersburg PA
CBHW070757290326
41931CB00011BA/2049

* 9 7 8 2 0 1 3 5 2 3 6 1 5 *